EVA MURGES

REIKI

Die Kraft im Hier und Jetzt

KÖNIGSFURT URANIA

Inhalt

DIE KARTENBEDEUTUNGEN 41

Denke immer daran,
dass es nur eine wichtige Zeit gibt:
Heute. Hier. Jetzt.

Leo Tolstoi

Vorwort oder ein herzliches Hallo

Wie schön, dass du ein wenig mehr Achtsamkeit in dein Leben einladen und mit liebevoller Energie arbeiten möchtest. Als ich mich 2020 auf die Reise mit Energiearbeit, ganz speziell Reiki, begeben habe, konnte ich nicht ahnen, wie viel sich durch die „heilenden Hände“ in meinem Leben verändern würde. Nicht nur, dass mich Reiki immens dabei unterstützt hat, mit zwei kleinen Kindern den Lockdown während der Corona-Pandemie bestmöglich entspannt und achtsam durchzustehen, es kam viel mehr in mir in Bewegung. Obwohl ich vor Kurzem den Verlust meiner Mama betrauern musste, der Hand in Hand ging mit der Freude über die Geburt meines Sohnes, konnte ich eine gewisse Ruhe und Stabilität in mir selbst finden.

Die Arbeit mit der universellen Lebensenergie unterstützt mich seitdem nahezu täglich und ist zudem ein Zugewinn für meine Familie, Freunde, aber auch zahlreicher Klientinnen und Klienten, die ich über die letzten Jahre mit Reiki begleiten durfte. Mir ist wichtig, dass du diese wunderschönen Reikikarten für dich nutzen kannst, sowohl als Reiki-Praktizierende oder Praktizierender, aber auch, wenn du bisher noch nie von Reiki gehört oder mit Energie gearbeitet hast. Denn auch, wenn du nicht in Reiki eingeweiht bist, kannst du mit dieser Energie arbeiten und sie für dich nutzen, denn Reiki fließt durch uns alle. Die meisten nehmen es nur nicht mehr wahr oder haben diese intuitive Heilkraft schlichtweg vergessen. Deshalb freue ich mich umso mehr, dass du diese Karten nun in den Händen hältst und auf dem Weg bist, dein Leben noch achtsamer und im Einklang mit dir selbst zu gestalten.

Ich freue mich auf die gemeinsame Reise.

Deine Eva

PS: *Dieses Booklet erhebt nicht den Anspruch, das große Feld Reiki komplett zu erschließen, das könnte es nämlich gar nicht. Es soll dir einen Überblick darüber verschaffen, was Reiki eigentlich ist, wo es herkommt und wie du es in deinem Alltag nutzen kannst, gerade in Bezug auf die* ***Fünf Lebensregeln*** *des Reiki und meine Interpretationen und Erweiterungen in Form der 32 Karten. Solltest du dich für das Thema interessieren, empfehle ich dir, dich auf die Suche nach einem passenden Reiki-Lehrer oder -Lehrerin zu machen und dich in Reiki einweihen zu lassen. Dies ist meines Erachtens eine Bereicherung für jeden! Zudem kannst du nach weiterführender Literatur suchen – diesbezüglich gibt es bereits einige tolle Bücher auf dem Markt.*

Dein erster Schritt zu mehr Achtsamkeit und wie du die Karten für dich nutzen kannst

Als Reiki-Praktizierende habe ich mir oft ein Kartenset gewünscht, das ich ergänzend zu meinen Reiki-Selbst- oder Fremdbehandlungen verwenden kann. Eine gebündelte Nachricht oder ein schöner Impuls, der noch ein wenig nach der Behandlung wirkt oder ein gewisses Thema auf den Punkt bringt. Ich arbeite zwar mit dem Tarot und diversen Orakel-Decks, aber der **Achtsamkeitsgedanke**, der mit Reiki einhergeht, wurde in all diesen Kartensets nicht gänzlich eingefangen. Daher ist über die letzten Jahre der Wunsch in mir gereift, ein eigenes Kartendeck zu entwickeln, das sowohl in Reiki- oder anderen Energie-Behandlungen verwendet werden kann, aber auch für all diejenigen einen Mehrwert bietet, die nicht in Reiki eingeweiht sind und mehr Achtsamkeit in ihren Alltag integrieren möchten.

Der Gedanke dabei ist, sich gänzlich auf den gegenwärtigen Moment zu fokussieren und sich dabei nicht zu überfordern. Mit der Formulierung **„Gerade heute …“** wird deutlich, dass alles, was wir haben, dieser Moment ist. Wir wissen nicht, was die Zukunft bereithält, unabhängig davon, wie oft wir darüber nachdenken oder welche Pläne wir schmieden. Genauso liegt alles, was passiert ist, bereits hinter uns, und egal wie viel wir grübeln, wir können gewisse Dinge nicht mehr ändern. Im gegenwärtigen Moment liegen so viel Heilung, diverse Möglichkeiten und kleine Wunder. Dies zu erkennen, zu leben und immer mehr zu integrieren ist eine große Chance. Die Karten sollen zudem dazu beitragen, dich nicht zu überfordern. Vielleicht kennst du das auch: Es ist Silvester und man hat gefühlt hundert neue Vorsätze à la gesünder Essen, früher schlafen, mehr meditieren, öfter zu Fuß gehen, gelassener werden etc. ... Diese Vielzahl an Wünschen überfordert uns meist, und was setzen wir am Ende davon um? Wahrscheinlich nichts oder recht wenig. Es passiert schnell, dass wir somit wieder in der Vergangenheit hängen („Warum habe ich das nicht besser gemacht? Warum schaffe ich das einfach nicht?") oder in der Zukunft („Am Tag X fange ich aber endlich damit an und dann fühle ich mich besser").

Die Magie dieses Kartensets liegt in der **Einfachheit.** Du kannst dir täglich eine Karte ziehen (morgens oder nach einer kleinen Reiki-/Energie-Selbstbehandlung) und dich an diesem Tag immer wieder darauf besinnen, was heute oder gerade jetzt für dich wichtig ist. So nimmst du dir täglich ein paar Minuten Zeit für deine Achtsamkeit, für dein inneres Wachstum und kultivierst langfristig mehr Gelassenheit.

Wenn du Reiki praktizierst, kannst du die Karten als kleine Ergänzung hinzuziehen, welches Thema für deine Klientin oder deinen Klienten gerade besonders wichtig ist, und diese oder dieser bekommt einen Impuls, aktiv zu werden, und kann selbst mit der Botschaft der Karte arbeiten.

Einfache Spreads mit den Karten

Diese Spreads helfen dir dabei, bestimmte Themen noch einmal eingehender zu beleuchten. Dabei liegt der Fokus stark auf den Themen **Achtsamkeit, Selbstfürsorge und Integration bestimmter Emotionen.** Noch immer sind einige Emotionen mit Scham behaftet, jedoch erachte ich es als besonders wichtig und auch wertvoll, allen Emotionen Raum zu geben. Die drei Affirmationen, die sich aus deinen Legungen ergeben, kannst du dir gerne jeden Morgen und Abend laut vorsagen. Zudem hilft es dir, diese aufzuschreiben und an einem bestimmten Ort aufzuhängen (beispielsweise am Badezimmerspiegel oder über deinem Schreibtisch), sodass du ihnen immer wieder Aufmerksamkeit schenkst. Zudem kannst du aktiv mit den Chakren arbeiten, die den jeweiligen Karten und Themen zugeordnet sind. Wie du mit Energie arbeitest und wo sich die Chakren befinden, erfährst du im Kapitel „Die sieben Hauptchakren".

1

2

3

INNERE BALANCE

1. Was ist gerade besonders wichtig für meinen inneren Frieden?
2. Dies unterstützt mich dabei.
3. Dies darf ich langfristig integrieren.

SELBSTFÜRSORGE UND SELBSTLIEBE

1. Die Integration dieses Themas tut mir gerade gut.
2. Dieser Anteil in mir möchte gesehen werden.
3. Der Spiegel zu meinem Inneren

21 TAGE ERLEUCHTUNG

(angelehnt an Usuis 21 Tage auf dem Berg Kurama, siehe Kapitel „Ein kleiner Überblick über die Geschichte des Reiki").

1. Dieser Teil in mir darf nun leuchten.
2. Mein inneres Kind wünscht sich die Integration dieses Themas.
3. Diesen Teil in mir muss ich nicht länger verbergen.

Reiki – Die universelle Lebensenergie

Das japanische Wort **Reiki** setzt sich aus zwei Teilen zusammen. „Rei" steht für universell oder spirituell und „ki" steht für Lebensenergie. Es basiert auf dem Konzept, dass Lebensenergie (Ki) durch unseren Körper fließt, welche zu unserem Wohlbefinden und allgemeiner Gesundheit beiträgt. Dieses Prinzip gibt es in vielen Ländern und Kulturen. In China wird diese Energie beispielsweise „Qi" genannt und in Indien spricht man von „Prana". Der Energiefluss kann blockiert oder gestört sein, was zu körperlichen, emotionalen oder geistigen Beschwerden führen kann. Reiki kann auf all diesen drei Ebenen wirken und etwaige Blockaden lösen. Durch das Handauflegen wird die Reiki-Energie kanalisiert und an den oder die Empfangende:n übertragen, um die Blockaden aufzulösen und den Energiefluss wiederherzustellen. Eine Reikibehandlung kann unter anderem dabei helfen, Stress abzubauen, mehr Energie zu gewinnen, Selbstliebe zu kultivieren oder zu tiefen Entspannungszuständen zu führen und das allgemeine Wohlbefinden zu fördern.

Ein kleiner Überblick über die Geschichte des Reiki

Reiki, so wie wir es heute kennen, hat seinen Ursprung in Japan. Es war der Japaner Mikao Usui, der diese Heilenergie wiederentdeckt und für sich und seine Patienten genutzt hat.

Mittlerweile gibt es viele neue und moderne Formen des Reiki, da es sich über die Jahre verändert hat und modifiziert wurde. Die Verbreitung in den Westen fand weitestgehend durch Hawayo Takata statt, die ehemals Schülerin von Usuis erstem Schüler Chujiro Hayashi war. Usui hatte ihn damals zu einem Großmeister gemacht, um die Reikilehre weiterzutragen. Ich möchte dich in diesem Kapitel nicht mit zu vielen geschichtlichen Fakten überschütten, aber ein kleiner Abriss der Geschichte ist wichtig, damit du verstehst, wie die Karten funktionieren, und vor allem, wie sie dich langfristig unterstützen können.

Der 1865 geborene Mikao Usui begab sich 1922 auf den Berg Kurama in der Nähe von Kyoto. Um spirituelle Erleuchtung zu finden, fastete und meditierte er auf der Bergspitze für einundzwanzig Tage und nahm dabei sogar in Kauf, zu sterben. Nach diesen Tagen hatte er dort eine Satori[1] (was heute oft gleichgesetzt wird mit einer Erleuchtung) und die Vision des

„Reiki-Systems" sowie der zugehörigen traditionellen vier Reiki-Symbole. Auf diese werde ich allerdings nicht weiter eingehen können, da der Umfang den Rahmen sprengen würde und auch denjenigen vorbehalten sind, die in den entsprechenden Reiki-Grade durch einen ausgebildeten Reiki-Lehrer oder –Lehrerin eingeweiht wurden. Was diese Erfahrung Usuis allerdings so besonders macht, ist seine Rückreise. Auf dieser verletzte sich Mikao Usui am Zeh, erfuhr aber durch das bloße Auflegen seiner Hände und den Fluss der universellen Lebensenergie Schmerzfreiheit und Heilung. Zunächst nutzte er dieses erlangte Wissen über diese Heilmethode für sich selbst und seine Familie, doch gründete schon einen Monat später die Usui Reiki Ryoho[2] Gakkai, eine Gesellschaft der Reiki-Heilmethode, eröffnete eine Reiki-Praxis und begann, Reiki selbst zu unterrichten.

Er verbrachte seine letzten Lebensjahre damit, weitere Personen in die besondere Heilarbeit des Usui-Reiki-Ryoho-Systems einzuweihen, dazu zählen schätzungsweise über 2000 Schülerinnen und Schüler und 21 Personen, die in den Meister/Lehrer, also in den höchsten Reikigrad eingeweiht wurden und somit die Möglichkeit hatten, das Usui-Reiki-System weiterzutragen.

[1] Satori (jap.): Ein vorübergehender Einblick in eine höhere Ordnung/ein plötzliches Verstehen

(Quelle: Frank Arjava Petter: Das Reiki-Feuer, Windpferd 2009)

[2] Ryoho (jap.): Heilmethode

So funktioniert die Arbeit mit der universellen Lebensenergie

Wie eingangs bereits kurz erwähnt, verbindet sich die oder der Reikigebende zunächst mit der Reiki-Energie, kanalisiert diese und gibt sie durch ihre oder seine **Hände** an den Empfangenden weiter. Einige Reiki-Praktizierende verwenden für die Energieübertragung spezielle Handpositionen. Mikao Usui jedoch, der Begründer und Wiederentdecker des Reiki, wie wir es kennen, praktizierte und behandelte zu seinen Lebzeiten rein intuitiv. Daher möchte ich auch nicht in der Tiefe auf die einzelnen Handpositionen eingehen. Wichtig ist jedoch, dass die Hände direkt auf den Körper aufgelegt werden, oder ein bis zwei Zentimeter darüber platziert werden können. Die Reiki-Energie strömt aus den Handchakren des oder der Reiki-Praktizierenden in den (Energie-)Körper der zu behandelnden Person und kann dort wirken.

Während der Behandlung mit Reiki fungiert der oder die Reikigebende als Energie-Kanal und ist somit nicht der „Heiler“ oder die „Heilerin“, sondern die eigentliche „Heilarbeit“ übernimmt die oder der Empfangende selbst. Denn Reiki trägt dazu bei, die **Selbstheilungskräfte** im Körper der/des Empfangenden zu aktivieren. Die universelle **Lebensenergie,** sprich **Reiki**, arbeitet dahingehend intuitiv und selbstintelligent. Selbst wenn die/der Reikigebende spezielle Handpositionen anwendet oder Chakren behandelt, fließt Reiki trotzdem immer dorthin, wo es der Körper am meisten braucht.

Reiki arbeitet immer zum Höchsten und Besten der empfangenden Person. Dies kann einerseits ein Energieschub sein, sollte dieser gerade benötigt werden, oder aber es können sich (emotionale) Blockaden lösen. Mit diesem Wissen kannst du dir sicher sein, dass du mit deiner eigenen Reiki-Praxis oder der Arbeit mit Energie nichts Negatives auslösen oder etwas falsch machen kannst. Reiki arbeitet zu jedem Zeitpunkt für dich, und auch wenn du nicht in das traditionelle Usui-System eingeweiht bist, kannst du diese Energie für dich nutzen. Vielleicht vermag es ein wenig mehr Übung und Geduld, vor allem, um dich von etwaigen Ängsten zu befreien, aber es lohnt sich, es einfach einmal auszuprobieren. Lass dich von deinen Händen und deiner Intuition leiten.

Was Reiki ist:

- Eine sanfte Heilmethode, die sich sowohl auf die physische als auch die psychische Gesundheit auswirken kann. Dies wird sogar in einigen Studien belegt (Dyer et al., 2019[3]).

- Nicht an ein religiöses System gebunden,

- Heilsam. Es aktiviert die Selbstheilungskräfte und wird seit 2005 auch von der WHO als alternative Heilmethode anerkannt. Renommierte Krankenhäuser, wie beispielsweise die Charité in Berlin, arbeiten bereits zusätzlich zur Schulmedizin mit Reiki in der Schmerztherapie. Auch die Studie von David E McManus aus 2017 belegt, dass Reiki wirksamer ist als Placebo und eine sichere und sanfte komplementäre Therapie-Methode ist, die dazu beiträgt, Körper und Geist zu heilen, indem sie das parasympathische Nervensystem aktiviert (McManus, 2017[4]).

- Natürlich und unbedenklich. Es werden nur deine Hände benötigt und kein zusätzliches Werkzeug. Du musst auch nicht übermäßig daran glauben. Es reicht, wenn du offen dafür bist.

- Entspannend und energetisierend. Laut einer Studie von Lourdes Díaz-Rodríguez und Kolleg:innen hatte Reiki selbst bei Burnout positive Effekte auf die Empfangenden (Díaz-Rodgríguez et al., 2011[5]).

[3] https://pubmed.ncbi.nlm.nih.gov/31638407/

[4] https://pubmed.ncbi.nlm.nih.gov/28874060/

[5] https://pubmed.ncbi.nlm.nih.gov/21821642/

Der Grundgedanke der Reiki-Achtsamkeitskarten und der fünf Lebensregeln

In seiner Arbeit mit Reiki hatte Mikao Usui die Erfahrung gemacht, dass einige Patient:innen nach einer Weile wieder zu ihm kamen – mit denselben Beschwerden. Ihm wurde bewusst, dass es nicht nur der Arbeit mit der universellen Lebensenergie bedarf, sondern die oder der Patient:in selbst aktiv werden musste, um die Heilung zu unterstützen. Bereits damals hatten die Menschen immer mehr den Bezug zu einem achtsamen Leben verloren, waren beschäftigt mit diversen Themen, Herausforderungen, der Arbeit, dem Alltag ...

Um Reiki zu unterstützen und das Wohlbefinden langfristig zu steigern, bediente er sich der fünf Grundprinzipien des japanischen Meiji-Kaisers[6]. Das folgende Zitat stammt aus Mikao Usuis Gedenkstein von 1927 in Tokyo[7]:

„Der Hauptzweck von Reiki ist nicht nur das Heilen von Krankheiten, sondern die Verstärkung vorhandener natürlicher Talente, das Gleichgewicht des Geistes, die Gesundheit des Körpers und damit das Erlangen von Glück. Um anderen dies nahebringen zu können, sollte man den fünf Prinzipien des Meiji-Kaisers folgen und sie tief im Herzen verinnerlichen.

[6] Quelle: „Das Reiki-Feuer“ von Reiki-Historiker Frank Arjava Petter, 2009, Windpferd-Verlag

[7] übersetzt von Masano Kobayashi, Chetna Kobayashi und Frank Arjava Petter

Sagen Sie diese fünf Prinzipien jeden Morgen und Abend einmal auf:

1. **Ärgere Dich heute nicht.**
2. **Sorge Dich heute nicht.**
3. **Sei heute dankbar.**
4. **Arbeite heute hart.**
5. **Sei heute nett zu Deinen Mitmenschen.**

Da mittlerweile davon ausgegangen wird, dass unser System besser mit positiven Affirmationen arbeiten kann und es das Wort „nicht“ nicht versteht, habe ich diese Grundprinzipien modern umformuliert – und innerhalb dieses Kartensets um weitere Themen ergänzt, die uns als Gesellschaft und Individuen betreffen und unsere Achtsamkeitspraxis im Alltag unterstützen können. Die ersten fünf Karten sind somit Mikao Usui und den fünf Reiki-Grundprinzipen gewidmet:

Gerade heute ...

1. **Bin ich frei von Zorn.**
2. **Lasse ich meine Sorgen los.**
3. **Bin ich dankbar für alles, was ich habe und erleben darf.**
4. **Spreche und lebe ich meine Wahrheit, ehrlich und authentisch.**
5. **Habe ich Mitgefühl für mich selbst und andere.**

Die sieben Hauptchakren

Reiki ist eine Energie-Heilmethode. In der Energiemedizin wird davon ausgegangen, dass eine Erkrankung mit einem Ungleichgewicht des Energiesystems einhergeht und sich über einen Energiekörper (zum Beispiel eines Chakras) auf physischer Ebene manifestiert. Die Energiemedizin als Teil der Komplementärmedizin – WHO oder NCCAM (National Center for Complementary and Alternative Medicine – USA) – geht davon aus, dass die Arbeit mit Energiefeldern zur Verbesserung der Gesundheit beitragen kann. Dabei stehen die Diagnose und Behandlung eines energetischen Ungleichgewichts im Fokus. Reiki ersetzt dennoch keinen Termin beim Arzt, Heilpraktiker oder Therapeuten und sollte mit Bedacht und zusätzlich zur Schulmedizin verstanden und angewendet werden.
Im intuitiven Usui-Reiki, so wie ich es praktiziere, arbeite ich daher auf der energetischen Ebene viel mit den sieben Hauptchakren.

DOCH WAS SIND CHAKREN ÜBERHAUPT?

Das Wort „Chakra" kommt aus dem Sanskrit und bedeutet so viel wie „rotierendes Rad". Das gesamte Chakrensystem ist ein Netz aus Kanälen und Energiewirbeln. In unserem Körper haben wir über hundert verschiedene Chakren, darunter auch die sieben Hauptchakren. Diese sind jeweils mit Organen unseres Körpers sowie verschiedenen emotionalen, psychischen und spirituellen Zuständen verbunden. Um einen ausgeglichenen inneren Zustand zu gewährleisten, sollten sich die Chakren drehen können, sodass die Energie fließen kann.

Du findest zu allen Karten eine entsprechende Chakrazuordnung und zu einigen auch spezielle Übungen, um dein Chakra zu stärken oder etwaige Blockaden zu lösen. Wie du generell mit Energie und den Chakren arbeitest, findest du unter dem Kapitel „So arbeitest du selbst mit der universellen Lebensenergie".

Umso öfter sich ein gewisses Chakra oder Thema für dich zeigt (achte darauf bei deinen gezogenen Karten), desto wichtiger ist es, dass du dir dieses Chakra und die jeweiligen Themen anschaust und eventuell auch energetisch damit arbeitest.

Überblick über die Lage und Bedeutung der sieben Hauptchakren

ERSTES CHAKRA – WURZEL-CHAKRA

Befindet sich am unteren Ende der Wirbelsäule, beim Steißbein.

Affirmation: Ich bin

Zugeordnete Farbe: Rot

Organe: Ausscheidungsorgane & Wirbelsäule

Themen: Akzeptanz und Sicherheit

ZWEITES CHAKRA – SAKRAL-CHAKRA

Befindet sich etwa fünf Zentimeter unterhalb des Bauchnabels.

Affirmation: Ich fühle

Zugeordnete Farbe: Orange

Organe: Fortpflanzungsorgane

Themen: Lebensfreude, Kreativität & Sinnlichkeit

DRITTES CHAKRA – SOLARPLEXUS-CHAKRA

Befindet sich zwischen Zwerchfell (unterhalb der Brust) und Bauchnabel.

Affirmation: Ich kann

Zugeordnete Farbe: Gelb

Organe: Verdauungsorgane

Themen: Mut & Selbstbestimmung

VIERTES CHAKRA – HERZ-CHAKRA

Befindet sich auf der Höhe des Herzens, in der Mitte der Brust.

Affirmation: Ich liebe

Zugeordnete Farbe: Grün
Organe: Kreislaufsystem
Themen: Liebe & Dankbarkeit

FÜNFTES CHAKRA – KEHL-CHAKRA

Befindet sich im unteren Teil des Halses, auf der Höhe des Kehlkopfes.
Affirmation: Ich spreche
Zugeordnete Farbe: Hellblau
Organe: Lunge, Stimmapparat
Themen: Kommunikation & Wahrheit

SECHSTES CHAKRA – STIRN-CHAKRA (DRITTES AUGE)

Befindet sich in der Mitte der Stirn, zwischen den Augenbrauen.
Affirmation: Ich sehe
Zugeordnete Farbe: Dunkelblau
Organe: Kleinhirn, Nervensystem, Ohren, Nase & Augen
Themen: Intuition & Klarheit

SIEBTES CHAKRA – KRONEN-CHAKRA

Befindet sich unmittelbar über dem Kopf, über dem Scheitel.
Affirmation: Ich weiß
Zugeordnete Farbe: Violett
Organe: Großhirn
Themen: Erleuchtung & Weisheit

Heilsteine und wie sie dich unterstützen können

Heilsteine oder Kristalle üben schon seit vielen Jahrhunderten, wenn nicht sogar Jahrtausenden, eine große Faszination auf uns Menschen aus. Sei es der glanzvolle Schmuck, der aus verschiedenen Kristallen für hochrangige Persönlichkeiten aus vergangenen Zeiten hergestellt wurde, oder sämtliche Schwerter, die mit wertvollen Kristallen veredelt wurden. Auch hinsichtlich ihrer medizinischen bzw. körperlichen Anwendung reicht der Einsatz einiger Kristalle schon sehr lange zurück. Die alten Ägypter nahmen beispielsweise Hämatit mit in die Schlacht, weil sie davon ausgingen, dass dieser helfen würde, Blutungen zu stillen. Zudem ließen sich viele Schutzamulette mit Hämatit finden, der als Schutzstein bekannt ist und Mut verleihen soll. Auch in vielen anderen Kulturkreisen und Ländern wie zum Beispiel in China, wo Jade seit etwa 8000 Jahren ein geschätzter Edelstein ist.

WIE HEILSTEINE AUCH DICH BEREICHERN KÖNNEN

Heilsteine empfinde ich in vielen Bereichen als unglaublich inspirierend. Ihr Vorkommen ist natürlich und sie bestehen aus einer einzigartigen Kristallstruktur, die sich zum Teil über Millionen von Jahren unter großem

Druck gebildet hat. Zudem sind die Kristalle wahre Schätze der Natur, was zu einer Verbindung zu dieser führen kann, aber auch das eigene Selbst stärkt und die Energie anheben kann.

Doch sind diese Steine wirklich mehr, als einfach nur schön anzuschauen? Es ist völlig in Ordnung, wenn du ein paar Kristalle zu Hause hast, die dir gefallen und die vielleicht ein schöner Hingucker im Wohnzimmer oder auf deinem Schreibtisch sind. Jedoch können Heilsteine noch so viel mehr. Jeder Stein schwingt in seiner ganz eigenen Energie und wir können diese für uns nutzen.

Vielleicht ist es dir selbst sogar schon einmal passiert, dass du dir einen Stein ausgesucht hast, der sich intuitiv richtig angefühlt hat. Womöglich ist dieser in deiner Hand warm geworden, während ein anderer Stein, der dich rein optisch angesprochen hat, dir eher ein Gefühl von Unwohlsein beschert hat.

Ähnlich wie bei Personen, die uns Energie schenken oder Energie rauben können, verhält es sich auch bei den Kristallen. Nicht jeder Kristall wird dein Perfect Match sein, genauso wie dir nicht jeder Mensch ein gutes Gefühl geben oder dir Energie schenken kann. Für die Reiki-Achtsamkeits-karten habe ich immer mehrere Steine ausgesucht, die dich sowohl im All-tag begleiten dürfen, die du aber auch aktiv in die Übung und Rituale mit einbauen kannst. Schau dabei am besten, welcher der Steine dich intuitiv anspricht und mit welcher Energie du dich verbinden möchtest. Im besten Fall unterstützt dich dein Kristall dabei, deine eigene Energie wieder höher schwingen zu lassen, dich auf dein wahres Selbst zu besinnen und verschiedene Themen anzugehen oder loszulassen. Auch wenn Kristalle keinen direkten Bezug zur Reikipraxis haben, empfinde ich sie als wundervolles Tool, die Arbeit mit Energie zu ergänzen und ganzheitlich an deinem Wohlbefinden und deiner (seelischen) Gesundheit zu arbeiten.

DEN RICHTIGEN KRISTALL FÜR DICH FINDEN

Generell gibt es ein paar Basic-Kristalle, die ich eigentlich jedem empfehlen kann, da ihre Energie sehr sanft ist und sie verschiedene Lebensbereiche und Themen abdecken, die für viele von uns relevant sind. Diese Kristalle sind Rosenquarz (Liebe/Harmonie), Bergkristall (Klarheit/löst Blockaden), Amethyst (Konzentration/Ruhe), Citrin (Lebensfreude/Glück) und Labradorit (Kreativität/Intuition). Diese Kristalle eignen sich sehr gut zum Einstieg und als kleine „Hausapotheke".

Wo findet man schöne Steine für sich? Generell kannst du wundervolle Steine online kaufen, solltest du keinen (nachhaltigen) Steinhändler vor Ort haben. Bedenke allerdings, dass du dich online nicht intuitiv und geführt für einen Stein entscheiden kannst. Diesbezüglich ist es mir leider schon öfter passiert, dass ich einen Stein gekauft habe, der mich zwar von den Bildern her angesprochen, aber letztendlich energetisch überhaupt nicht zu mir gepasst hat. Daher ist mein Rat, gerade bei teuren und besonderen Kristallen, dir diesen vor Ort zu suchen. Es ist hilfreich und stärkt die Verbindung, den Stein selbst in die Hand zu nehmen, seine Energie zu spüren und wahrzunehmen, wie er auf dich wirkt. Wenn sich alles schwer und energieraubend für dich anfühlt, während du ihn in der Hand hast, ist dies nicht der richtige Stein für dich. Aber wenn sich alles freudig, leicht, warm und wohlig anfühlt, ist die Energie, in der dieser Stein schwingt, wohl gerade genau passend für dich.

Zusatz: Energien sind veränderlich, so kann und wird sich auch deine Energie über die Zeit verändern und neu ausrichten. Gerade wenn du mehr mit Energie und den Karten arbeitest. Daher wundere dich nicht, wenn du irgendwann vielleicht nicht mehr dieselbe Verbindung mit einem Kristall hast wie zuvor. Dies kann nur vorübergehend sein und darf dich daran erinnern, dass es noch viele andere wundervolle Heilsteine und Energien gibt, auf die du dich nun einlassen darfst, weil sie gerade jetzt für dich wichtig sind.

REINIGEN UND AUFLADEN

Wenn du in deiner Energiearbeit viel mit Steinen arbeitest, ist es sinnvoll, diese immer wieder energetisch zu reinigen. Diese Reinigung kannst du mit Reiki selbst durchführen, solltest du mindestens in den zweiten Reiki-Grad eingeweiht sein. Dafür zeichnest du das erste Reiki-Symbol CKR über deinen Stein und sagst drei Mal das dazugehörige Mantra. Nun lässt du die Energie auf den Stein fließen.

Eine andere Variante ist, deine Steine in regelmäßigen Abständen auszuräuchern. Dafür einigt sich beispielsweise das heilige Holz Palo Santo sehr gut. Einige Steine können auch unter fließendem Wasser gereinigt werden, aber nicht alle. Diesbezüglich wäre es wichtig, dass du dich vorab informierst, um lange Freude an deinem energetischen Begleiter zu haben. Aufladen kannst du deine Steine beispielsweise unter Mondlicht am Vollmond. Du kannst sie gerne auf deinen Balkon oder die Terrasse legen oder an einen anderen Ort in deinem Zuhause, an dem das Mondlicht direkt auf deine Steine scheint. Zudem kannst du kleine Trommelsteine auch gut über Nacht auf ein Amethystdrusenstück legen. Dieses wirkt wie eine natürliche Ladestation und lädt die Steine ebenfalls energetisch auf.

Reiki/Energiearbeit & Du

✶

Auch wenn Reiki auf dem Konzept beruht, dass du eine Einstimmung bzw. Einweihung durch einen Reiki-Lehrer oder Lehrerin in die verschiedenen Reikigrade bekommen musst, um aktiv mit Reiki arbeiten zu können, kannst du die Energie trotzdem für dich nutzen. Denn Reiki fließt durch uns alle, auch wenn wir kein „reiner" Reiki-Kanal sind. Du kannst dir die Energiekanäle deines Körpers etwa wie Rohre vorstellen, in denen sich über die Jahre einige Ablagerungen angesammelt haben. Durch eine Einweihung in Reiki lassen sich diese Ablagerungen lösen und entfernen, sodass die Energie kraftvoll durch den Kanal fließen kann. Doch selbst mit einigen Engstellen und verkalkten Rohren fließt die Energie noch immer hindurch und ist ein Teil von dir. Deshalb kannst du auch darauf zurückgreifen. Wenn dir also danach ist und du es ausprobieren möchtest, verbinde dich einmal mit der universellen Lebensenergie und beobachte, wie sich diese für dich anfühlt. Alles, was du dafür brauchst, sind ein neugieriger Geist und ein offenes Herz. Hab Vertrauen in dich und deine intuitiven Fähigkeiten.

Wie du die Energie für dich kanalisierst, erfährst du im folgenden Kapitel. Zu den jeweiligen Karten gibt es zudem hin und wieder Übungen, bei der du die Energiearbeit ebenfalls mit einbeziehen kannst, um dich noch mehr mit dir, deinem Körper, deiner Seele und tiefsitzenden Themen, Wünschen und Bedürfnissen zu verbinden.

So arbeitest du selbst mit der universellen Lebensenergie

UMGEBUNG

Suche dir einen Ort, an dem du dich wohlfühlst und du ungestört sein kannst. Wenn du möchtest, zünde dir gern eine Kerze an, schalte einen Diffusor mit entsprechenden ätherischen Ölen an oder lausche entspannender, instrumentaler Musik. Setze dich gern in den Schneidersitz, den Fersensitz oder eine andere Sitzhaltung und mache es dir bequem. Solltest du Probleme mit längerem Sitzen haben, nutze gern ein Meditationskissen oder eine Decke, die du dir zusammengerollt unterlegst. Alternativ kannst du dich auch hinlegen. In dieser Position läufst du allerdings eher Gefahr, bei der Behandlung oder Übung einzuschlafen.

VERBINDE DICH

Es gibt verschiedene Möglichkeiten, dich mit der universellen Lebensenergie zu verbinden. Daher möchte ich dir zwei Impulse diesbezüglich geben, die du für dich ausprobieren kannst. Du wirst wahrscheinlich schnell merken, welche für dich funktioniert. Bitte beachte dabei, dass es sich dabei nicht um die klassische Methode handelt, die man bei einer Reiki-Ausbildung lernt. Diese Varianten sind extra so kreiert, dass jeder damit arbeiten kann, ganz egal, ob die Person in Reiki eingeweiht ist oder nicht.

Solltest du bereits auf andere Art und Weise gelernt haben, um Reiki zu bitten und die Energie einzuladen, nutze gerne weiterhin deine Methode oder teste eine der folgenden Methoden aus, wenn du neugierig bist und Lust hast, etwas Neues auszuprobieren.

HERZENSLICHT

Setze dich aufrecht hin und schließe deine Augen. Lass deine Handflächen gern nach oben gedreht auf den Oberschenkeln ruhen. Bitte um die universelle Lebensenergie. Nun stellst du dir ein helles Licht vor, das direkt aus deinem Herzen strahlt. Es ist so hell und kraftvoll, dass es sich immer weiter durch deinen Körper ausbreitet, bis in deine Handinnenflächen hinein. Nimm wahr, wie es durch deinen Körper fließt und kribbelnd aus deinen Handflächen austritt. Dieses Licht ist sanft und liebevoll und umso mehr es durch deinen Körper fließt, umso leichter fühlst du dich. Wenn du magst, kannst du einmal die Handflächen zusammenbringen, bevor du mit einer Energiebehandlung oder deiner Übung beginnst.

LICHTFUNKEN

Auch bei dieser Variante solltest du dich zunächst bequem hinsetzen und aufrichten. Schließe deine Augen, lege die Ellbogen an deinen Körper an und halte deine Hände etwa auf Brusthöhe wie eine Schale geöffnet. Nun bittest du um die universelle Lebensenergie und stellst dir einen Funken vor, der aus deinen Handinnenflächen entzündet wird und sich immer mehr zu einem lodernden Energieball formt. Beobachte, wie immer mehr Ruhe in den Energieball einkehrt und die sanfte Energie nun aus deinen Handflächen dringt.

INTENTION SETZEN

Nimm wahr, wie du die Energie für dich gebündelt hast und was du spürst. Das kann sich durch ein Kribbeln in den Handflächen, ein Heiß-Kalt-Empfinden, Aufregung oder ein besonders ruhiges und geerdetes Gefühl, vielleicht aber auch durch eine ganz andere körperliche Wahrnehmung manifestieren. Dabei ist nichts besser oder schlechter. Selbst wenn du gar nichts Körperliches spürst, gerade am Anfang, ist das vollkommen okay, denn die Energie fließt immer.

Bevor du nun mit einer Karte oder deinen Chakren arbeitest, setze gerne eine Intention. Für mich funktioniert diese am besten, wenn sie sehr allgemein gehalten und positiv formuliert ist. Ein Beispiel wäre: „Möge die universelle Lebensenergie zum Höchsten und Besten für mich wirken", oder: „Möge die universelle Lebensenergie in Liebe und Güte fließen." Probiere dich diesbezüglich gern aus und wähle einen Satz, der sich für dich gut und stimmig anfühlt.

DIE ENERGIE FLIESSEN LASSEN

In diesem Stadium kannst du dir gern eine Karte ziehen und dich überraschen lassen, was gerade heute für dich wichtig ist und integriert oder gelebt werden darf. Du kannst zu jeder Zeit liebevolle Energie in die Karte und den jeweiligen Impuls fließen lassen, indem du deine Handflächen über oder auf die Karte legst und dir vorstellst, wie die Energie durch deine Hände hindurch in die Karte fließt. Um diesen Prozess zu verstärken, kannst du dir zudem mehrmals die Affirmation deiner Karte laut vorsagen. Der Energiefluss funktioniert genauso, wenn du die Energie statt in die Karte in deinen Körper oder den Körper einer anderen Person fließen lässt. Gerne kannst du dir dabei zarte, goldene Energiefäden vorstellen, die im Fluss sind und dich mit der Karte oder dir selbst verbinden. Wie du dabei deine Chakren und somit dein gesamtes Energiesystem harmonisierst, erfährst du im nächsten Schritt.

DEINE CHAKREN IM EINKLANG

Im intuitiven Reiki wird viel mit den Hauptchakren gearbeitet. Doch auch ohne Reiki-Einweihung kannst du die Energie für dich nutzen, um deine Chakren zu harmonisieren und die Energie in deinem Körper wieder fließen zu lassen. Für diese Übung verbindest du dich mit der universellen Lebensenergie (Herzenslicht oder Lichtfunken) und legst im nächsten Schritt deine Hände auf oder über deine einzelnen Chakren (die Lage sowie die

Bezeichnungen der Chakren findest du im Kapitel „Die sieben Hauptchakren").
Hierbei kannst du entweder am ersten Chakra, dem Wurzel-Chakra, oder am siebten Chakra, dem Kronen-Chakra, beginnen. Lasse deine Hände gerne so lange auf oder über dem Chakra verweilen, wie es sich gut anfühlt oder sich eine gewisse Ruhe und Balance einstellt. Lege dann deine Hände auf das nächste Chakra, bis du einmal durch alle Chakren gewandert bist. Wenn du danach noch das Gefühl hast, ein oder mehrere Chakren brauchen heute besonders viel Liebe, kannst du gerne noch einmal dorthin zurückgehen und die Energie in dieses Chakra fließen lassen.
Zusatztipp: Gerade am Anfang kann es dir schwerfallen, ein Gefühl dafür zu entwickeln, wie lange du auf einem Chakra verweilen solltest. Dafür eignet sich spezielle Meditationsmusik, bei der nach zwei Minuten ein sanfter Gong ertönt, der dich auf einen Chakra-Wechsel hinweist.

SPECIAL - DEINE FÜSSE

Unsere Füße tragen uns durchs Leben - im wahrsten Sinne des Wortes. Sie geben jeden Tag ihr Bestes, uns von A nach B zu bringen, und tragen tatsächlich jede unserer Lasten mit uns. Daher finde ich eine Fußbehandlung mit Reiki unglaublich wertvoll und wohltuend. Ein kleines Dankeschön sozusagen. Dabei setzt du dich bestmöglich zunächst in den Schneidersitz und lädst die universelle Lebensenergie ein, wie oben beschrieben. Nimm nun deine Hände und lege sie auf deine Fußflächen. Wenn es sich für dich gut anfühlt, kannst du auch erst den einen und dann den anderen Fuß „behandeln". Dafür kannst du beide Hände um deinen Fuß schließen und in dieser Position die Energie fließen lassen. Auch hier gilt, das Ganze darfst du so lange durchführen, wie es sich gut anfühlt.

DIE VERBINDUNG TRENNEN

Nachdem du deine Übung oder Behandlung beendet hast, ist es wichtig, die Verbindung wieder zu trennen. Dazu ist es ein schönes Ritual, sich erst einmal dafür zu bedanken, dass die Energie durch dich geflossen ist und dich unterstützt. Du könntest also Folgendes sagen (laut oder innerlich – beides ist okay): „Danke (liebes Universum), dass die universelle Lebensenergie/Reiki durch mich fließen durfte."

Danach kannst du, wenn du magst, ein kleines Reinigungsritual durchführen, indem du dir vorstellst, dass du unter einem Wasserfall aus Licht stehst, der alles einmal von dir wäscht, was dir nicht länger dienlich ist. Um dich auf allen Ebenen energetisch zu trennen, kannst du zum Abschluss einmal die Handflächen aneinander reiben und deine Arme und Hände danach ein paar Mal kräftig ausschütteln. Die einzelnen Schritte der Verbindungstrennung sind allerdings nur Impulse und Ideen für dich. Du kannst dich ausprobieren und schauen, was sich für dich stimmig anfühlt. Vielleicht findest du auch einen ganz anderen, viel passenderen Weg für dich, dich am Ende energetisch zu trennen. Alles kann, nichts muss.

Die Kartenbedeutungen

GERADE HEUTE
bin ich frei von Zorn

1

CHAKRA-ZUORDNUNG:

Solarplexus-Chakra

PASSENDE HEILSTEINE:

Howlith, Rosenquarz

INTENTION:

Wir kennen es alle, diese Tage, an denen einfach nichts gelingt und wir uns schon am Frühstückstisch über den verschütteten Kaffee oder die zwei unterschiedlichen Socken ärgern können, die beim letzten Wäschefalten wie auf magische Weise den Weg zueinander gefunden haben, obwohl die eine Socke grün, die andere blau ist. Oder aber wir werden in der Bahn versehentlich angerempelt und die Person schafft es nicht einmal, ein müdes „Sorry" über die Lippen zu bringen. Letztens habe ich den Satz in einem Buch von Karin Kuschik[8] gelesen: „Wer mich ärgert, bestimme immer noch ich" – und genau diesen Vibe darfst du heute einmal spüren. Statt die Energie darauf zu verschwenden, dich über Dinge zu ärgern, die du höchstwahrscheinlich nicht einmal beeinflussen kannst, bleib besser bei dir und atme ein paar Mal tief durch. Mit dem Satz machen wir uns einmal mehr bewusst, dass wir es in der Hand haben. Wir müssen uns nicht ärgern lassen, wir müssen nicht zornig werden. Wir können die Situation zwar nicht ändern, aber wir können ändern, wie wir damit umgehen.

[8] Kuschik, Karin (2022): 50 Sätze, die das Leben leichter machen. rororo

SELFCARE:

Lass gerade heute allen Zorn aus deinem Körper verschwinden. Eine einfache Methode dafür ist sicher, und du wirst sie kennen, ein- oder mehrmals in ein Kissen zu brüllen und somit sämtliche Anspannung und angestaute Wut in die Welt zu entlassen. Dies kannst du gerne tun, wenn es sich für dich richtig anfühlt.

Zudem kannst du dich auch hinlegen und deinen ganzen Körper anspannen. Versuche, wirklich jeden Muskel bewusst zu aktivieren, vom Hals/Nacken bis zu den Zehen. Halte diese Anspannung für einige Sekunden und dann lasse all die Anspannung bewusst wieder los. Diese An- und Entspannung kannst du gerne drei bis fünf Mal wiederholen. Während der Übung kannst du dir zudem einen Rosenquarz auf dein Herz-Chakra legen. Dieser unterstützt dich dabei, Harmonie in deinem System herzustellen und deine Zellen mit Liebe zu erfüllen.

Um dem Ganzen einen schönen Rahmen zu geben, nutze gerne Reiki als Abschluss. Sobald du in der Entspannung bist und deinen Körper dann in eine liegende Ruheposition gebracht hast, die für dich bequem ist, lade die universelle Lebensenergie ein. Lasse diese gerne auf dein Solarplexus-Chakra fließen, bis sich alles in dir ruhig und befreit von jeglichem Zorn und Groll anfühlt.

GERADE HEUTE

lasse ich meine Sorgen los

2

CHAKRA-ZUORDNUNG:

Wurzel-Chakra, Hals-Chakra

PASSENDE HEILSTEINE:

Versteinertes Holz, Sodalith, Amethyst

INTENTION:

Es ist ganz menschlich, sich zu sorgen und etwaige Szenarien in unserem Kopf an die tausend Mal durchzuspielen. So haben wir das Gefühl, die Dinge im Griff zu haben und auf etwaige Stolpersteine vorbereitet zu sein. Allerdings ist dies eine Illusion. Auch wenn wir etwas für uns tausend Mal durchdenken, wissen wir am Ende nicht, wie es sich in der Realität wirklich entwickeln wird. Die Intention dieser Karte ist, unser Vertrauen zu stärken und Sorgen aktiv loszulassen. Indem wir uns sorgen, verlassen wir den gegenwärtigen Moment und befinden uns in einer Fantasiewelt über eine mögliche Zukunft. Dies entfernt uns nicht nur von uns selbst, sondern raubt uns auch viel Energie, die wir im Moment viel besser und sinnbringender einsetzen könnten. Vertraue dir selbst und dem Prozess und limitiere dich nicht durch deine Sorgen oder düstere Zukunftsprognosen. Alles, das du wirklich aktiv beeinflussen kannst, sind deine Gedanken und deine Handlungen jetzt, in genau diesem Moment. Also entscheide dich dafür, die Sorgen heute über Bord zu werfen und alles erst einmal so anzunehmen, wie es gerade ist.

SELFCARE:

Wenn es dir schwerfällt, gewisse Sorgen loszulassen, nimm dir die Zeit, dein bestimmtes Szenario ein bewusstes letztes Mal durchzuspielen. Schreibe dir all deine Gedanken, Ängste, aber auch Wünsche dazu auf und lege diesen Zettel danach in eine Schachtel oder verstaue ihn irgendwo, wo du nicht Gefahr läufst, ihn dir wieder anzusehen. Sobald die Situation eingetreten ist, schaue auf deinen Zettel und gleiche ab: Welche deiner Ängste hat sich wirklich erfüllt und welche Ressourcen hast du genutzt, um dieser Angst zu begegnen? Höchstwahrscheinlich wirst du merken, dass die Realität viel weniger dramatisch war als deine Sorgen, was dir die nötige Zuversicht schenken kann, beim nächsten Mal viel weniger darüber nachzudenken und den Dingen mit innerer Gelassenheit zu begegnen.

GERADE HEUTE

bin ich dankbar für alles, was
ich habe und erleben darf

3

CHAKRA-ZUORDNUNG:
Herz-Chakra

PASSENDE HEILSTEINE:
Rosenquarz, Fluorit, Amethyst

INTENTION:
Wir kennen es vermutlich alle, gerade in Zeiten von Social Media. Oft haben wir das Gefühl, dass nichts so richtig nach Plan läuft und wir erst am Anfang unserer Reise stehen. Da gibt es so vieles, das wir noch nicht erreicht haben, das noch vor uns liegt – das uns eventuell sogar Angst macht. Zudem scheint unser Leben womöglich nicht so aufregend, farbenfroh und perfekt wie das der anderen zu sein … Doch wir sehen nur einen Bruchteil des Alltags unserer Mitmenschen und die ganzen Prozesse, der Herzschmerz, die Zweifel, die hinter den positiven Einblicken unseres Gegenübers liegen, bleiben uns zum größten Teil verborgen.
Diese Karte darf dich daran erinnern, was du bereits alles geschafft und verwirklicht hast, und dass selbst der wolkigste Tag bestimmt einen kleinen Moment für dich bereithält, der es wert ist, wertgeschätzt zu werden. Hierbei geht es vor allem um die kleinen Glücksmomente, die dein Leben lebenswert und besonders machen. Umso intensiver du dich diesen widmest, desto mehr Dankbarkeit und Zufriedenheit kannst du in deinen Alltag einladen.

SELFCARE:

Nimm dir gerne einen Moment am Abend Zeit, um deinen Tag zu reflektieren. Welches schöne Erlebnis ist dir besonders in Erinnerung geblieben? Waren es die Sonnenstrahlen, die bereits beim Aufwachen deine Nase gekitzelt und dir ein wohliges Gefühl im Herzen beschert haben, oder war es der liebevolle Blick einer fremden Person, die dir an der Supermarktkasse zugelächelt oder dich sogar gegrüßt hat? Notiere dir einen oder mehrere solcher Momente auf einen kleinen Zettel und stecke diesen in ein leeres Marmeladen- oder Weckglas, das für dich ab heute als Dankbarkeits-Glas fungieren darf.

Sollten dich beizeiten wieder einmal Zweifel erfüllen, nimm dir gerne einen Zettel aus dem Glas und erinnere dich an diesen schönen Moment zurück; deinen persönlichen Glücksmoment.

Wenn du selbst Reiki praktiziert, nutze gerne das erste Reiki-Symbol CKR, um Reiki in dein Dankbarkeits-Glas fließen zu lassen und somit das Gefühl der Dankbarkeit zu kultivieren. Dafür zeichnest du das erste Reiki-Zeichen CKR über dein Glas, während du drei Mal das Mantra sprichst. Spüre nun, wie die sanfte Reiki-Energie zu deinen Glücksmomenten fließt und das Gefühl der Dankbarkeit noch einmal vertieft wird.
Zudem kannst du gerne einen Rosenquarz oder einen anderen der genannten Steine mit in das Glas legen, um die Energie noch zu verstärken.

GERADE HEUTE

spreche und lebe ich meine Wahrheit,
ehrlich und authentisch

CHAKRA-ZUORDNUNG:

Hals-Chakra

PASSENDE HEILSTEINE:

Blauer Chalcedon, Citrin, Selenit

INTENTION:

Der ursprüngliche Satz dieser Karte war der Satz nach Usui: „Arbeite heute hart", was nach meiner Empfindung nicht mit körperlicher Arbeit, sondern innerer Arbeit und Wachstum einhergeht, wie in einer Meditation. In einer Meditation begegnen wir uns selbst, nackt und ungeschützt – genauso wie wir gerade da sind. Deshalb wird sich vermutlich jede Meditation ein wenig anders für dich anfühlen, jedoch bringt dich jeder Moment, den du dir für dich in Stille nimmst, ein wenig mehr zu dir selbst. Dies hilft dir dabei, dich selbst noch einmal mehr zu erfahren und im nächsten Schritt authentisch nach außen zu tragen.

Sich selbst und seine eigene Wahrheit zu leben, ist wichtig, um langfristig ein erfülltes und glückliches Leben zu führen. Daher erinnert dich diese Karte daran, immer ehrlich zu dir selbst zu sein und diese Wahrheit selbstbewusst nach außen zu tragen. Du darfst Raum einnehmen und dich so zeigen, wie du bist, ohne Scham oder Angst vor der Reaktion anderer.

SELFCARE:

Nimm dir einen Augenblick, um dich zu erden und zu zentrieren. Öffne nun deine Hände und kanalisiere die universelle Lebensenergie. Lege deine Hände etwa drei bis vier Zentimeter über deinen Hals, auf der Höhe des Kehlkopfes, wo sich dein Hals-Chakra befindet. Nun stellst du dir eine wunderschöne Blüte vor. Visualisiere diese Knospe, die sich mit jedem Atemzug mehr öffnet und nach ein paar Minuten in voller Pracht aus deinem Körper, deinem Hals-Chakra hinaus in die Welt strahlt. Immer wenn du das Gefühl hast, nicht die richtigen Worte zu finden oder in deiner Kommunikation eingeschränkt zu sein, visualisiere deine persönliche Blüte und mache dir bewusst, dass du dich authentisch zeigen und mitteilen darfst. Du musst dich nicht zurückhalten, sondern hast der Welt etwas mitzuteilen. Zeit, zu blühen!

GERADE HEUTE

habe ich Mitgefühl für mich selbst und andere

CHAKRA-ZUORDNUNG:

Herz-Chakra

PASSENDE HEILSTEINE:

Rosenquarz, Rhodochrosit

INTENTION:

Mitgefühl für andere zu haben, fällt uns oft so viel leichter als für uns selbst. Wir selbst sind meist unsere härteste Kritikerin oder unser härtester Kritiker. Wir hinterfragen uns und unsere Entscheidungen nahezu täglich und verzeihen uns schwerer als unserer Familie oder den besten Freunden und Freundinnen. Diese Karte darf dich daran erinnern, liebevoll mit dir selbst und deinem Umfeld zu sein. Fühlst du dich von anderen ungerecht behandelt, sprich es offen an. Womöglich hat es gar nichts mit dir zu tun, sondern unser Gegenüber hat einen schlechten Tag, Stress oder steht vor gewissen Herausforderungen. Die ungerechte Behandlung uns gegenüber war vielleicht nur ein Ventil, die angestaute Energie zu entladen. Versuche bestmöglich nicht zu bewerten, wenn du in eine solche Situation kommst, sondern zeige Verständnis, bleibe ruhig und in deiner Mitte und biete Hilfe an. Genau so, wenn es um dich selbst geht. Verurteile dich nicht für bestimmte Entscheidungen oder Charaktereigenschaften. Kein Mensch ist frei von Fehlern, und du hast jeden Moment die Möglichkeit, Dinge zukünftig anders zu machen und auch dir selbst zukünftig mit mehr Verständnis und Liebe zu begegnen.

SELFCARE:

Verzeihe dir selbst in einem kleinen Vergebungsritual. Notiere dir fünf Dinge, die du dir selbst verzeihen möchtest. Diese müssen nicht immens groß sein. Du kannst dich genauso gut auf kleine Dinge konzentrieren, über die du immer wieder nachdenkst. Zünde gern eine Kerze an, entzünde diesen Zettel vorsichtig und beobachte, wie er sich in einer feuerfesten Schale immer mehr auflöst. Nun kannst du liebevolle Reiki-Energie hineinfließen lassen, indem du das erste Reiki-Symbol CKR über die Schale zeichnest und deine Hände über sie hältst. Lasse diese Dinge los und sage dreimal: „Ich verzeihe mir selbst." Wenn du magst, kannst du die Hände zum Abschluss auf dein Herz legen, die Augen schließen und dir selbst ein wenig Liebe schenken.

GERADE HEUTE
bin ich voller Vertrauen in
mich und das Leben
6

CHAKRA-ZUORDNUNG:

Wurzel-Chakra

PASSENDE HEILSTEINE:

Karneol, Roter Jaspis, Versteinertes Holz

INTENTION:

Nicht bei jedem von uns ist das Urvertrauen so stark ausgeprägt, wie wir uns das wünschen würden. Oft erschüttern uns Ereignisse unseres Alltags und wir fühlen uns abgeschnitten, von unseren eigenen Emotionen, von unserer Schaffenskraft und Selbstwirksamkeit. Doch wir dürfen uns einmal mehr bewusst machen, dass wir uns selbst vertrauen können, jeden einzelnen Tag. Wir dürfen uns sowohl in unseren Entscheidungen vertrauen, sofern wir sie intuitiv und unseren Werten entsprechend treffen, als auch darin, dass wir eine Lösung finden, auch wenn die Lösungsfindung ein wenig Zeit in Anspruch nehmen wird. Du bist dem Leben nicht ausgeliefert und keine Marionette, deren Fäden vom Schicksal gezogen werden. Natürlich bedeutet dies nicht, dass es keine Rückschläge oder Fehltritte im Leben geben wird, ganz im Gegenteil. Es geht vielmehr darum, wie du diese Situation für dich bewertest und auch ein Stück weit annehmen kannst. Sofern du mit dir im Reinen und im Vertrauen bist, wird dich eine Herausforderung nicht so stark rütteln und aus dem Konzept bringen. Bleibe bei dir, bleib im Vertrauen. Du kannst alles schaffen!

SELFCARE:

Erdung und Verbundenheit sind wesentliche Schlüsselelemente, wenn es um das eigene Vertrauen geht. Für diese Übung verbinden wir uns einmal aktiv mit der Natur, mit Mutter Erde. Das gelingt dir am besten, wenn du barfuß gehst. Nimm dir doch eine Auszeit im Park, zieh deine Schuhe aus und gehe ein paar Minuten bewusst über die Wiese. Nimm wahr, wie sich das Gras unter deinen Fußsohlen anfühlt, wir stark dich deine Beine tragen und deine Füße auf der Erde verwurzeln. Sollte gerade Schnee liegen oder die Temperaturen kein Barfußlaufen möglich machen, setze dich gerne gerade auf einen Stuhl und stelle deine Füße fest auf den Fußboden. Nun stelle dir vor, wie Wurzeln aus deinen Fußsohlen in die Erde hineinwachsen und dich halten, ganz egal, welcher Sturm gerade um dich herum zu toben scheint. Ein regelmäßiges Verwurzeln oder Verbinden mit der Natur kann dich dabei unterstützen, das Vertrauen in dich selbst zu stärken.

Um dich im Alltag zu verwurzeln, bietet es sich an, mit versteinertem Holz arbeiten. Dazu kannst du einen Trommelstein im Fußbereich deiner Matratze unter dein Laken legen, der dich beim Schlafen zusätzlich erdet.

GERADE HEUTE
bin ich selbstbestimmt
7

CHAKRA-ZUORDNUNG:

Kehl-Chakra

PASSENDE HEILSTEINE:

Citrin, Larimar, Lepidolith

INTENTION:

Du bist die Schöpferin oder der Schöpfer deines Lebens. Womöglich fühlst du dich gerade in einem oder mehreren Lebensbereichen eingeschränkt oder sogar gefangen. Mach dir bewusst, dass du die Entscheidungen selbst in der Hand hast. Du bist kein Baum, der fest verwurzelt an dem Ort verweilen muss, an dem er gepflanzt wurde. Du hast die Möglichkeit, diesen Platz zu verlassen und dir einen Ort zu suchen, der dir einen besseren Nährboden und ein Umfeld bietet, in dem du dich wohl und wertgeschätzt fühlst. Doch auch in ganz alltäglichen Situationen ist es wichtig, dass du dir bewusst machst, dass du frei und selbstbestimmt leben und deine Meinung äußern darfst. Setze liebevolle, aber bestimmte Grenzen, wenn du merkst, dass du mit Verhaltensweisen einer Person nicht klarkommst oder auch, wenn dir wieder einmal zu viel aufgeladen wird.

SELFCARE:

Spiele mit deiner Stimme. Vielleicht hilft es dir, Dinge, die dich bewegen oder belasten, einmal auszusprechen. Du musst diese nicht direkt mit jemandem teilen, sondern du kannst sie auch für dich aussprechen oder loswerden. Wichtig ist, dass du sie wirklich nach außen trägst und nicht nur in deinen Gedanken durchspielst. Eine weitere Idee wäre zu singen oder zu chanten. Ganz leicht kannst du beginnen, indem du das klassische, aus dem Sanskrit stammende Mantra „Om" (gesprochen: AUM) ein paar Mal vor dich hin sagst. Beginne dabei ganz leise und werde mit den folgenden Wiederholungen immer lauter.

GERADE HEUTE
bin ich losgelöst und entspannt
8

CHAKRA-ZUORDNUNG:
Stirn-Chakra

PASSENDE HEILSTEINE:
Grüner Aventurin, Dumortierit

INTENTION:
Sich in der Hektik des Alltags zu entspannen, fällt uns nicht leicht. Entspannung geht oft direkt mit dem Gedanken einher, nicht produktiv genug zu sein. Doch müssen wir in jeder Sekunde unseres Lebens produktiv sein? Ich denke nicht. Genauso wenig wie in jedem Moment inspiriert und kreativ zu sein, sind wir auch nicht dauerhaft produktiv. Entspannung bedeutet, etwas von unserer Spannung abzugeben. Und gerade das ist ein wichtiger Faktor, der uns auch in der Energiearbeit immer wieder begegnet. Mit Reiki lösen wir die Anspannungen unseres Körpers, unseres Energiesystems und kommen zunehmend immer mehr in eine Form der Entspannung. Dies schenkt uns nicht nur inneren Frieden, sondern auch mehr Balance und Zufriedenheit. Nun soll dich diese Karte daran erinnern, aktiv die Spannung loszulassen und in die Entspannung zu kommen. Nicht nur auf körperlicher, sondern auch auf mentaler und emotionaler Ebene. Lass die negativen Gedanken heute ziehen und widme dich den positiven Gedanken und Gefühlen, die zu einer tiefen Entspannung beitragen.

SELFCARE:

Was hilft dir am besten zu entspannen? Vielleicht gibst du dir selbst eine Reiki-Selbstbehandlung (siehe Kapitel: „So arbeitest du selbst mit der universellen Lebensenergie"). Es muss keine vollständige Selbstbehandlung sein, du kannst dich auch nur den Chakren widmen, bei denen du aktuell eine gewisse Blockade spüren kannst. Solltest du nicht direkt wissen oder spüren, wo du gerade „verspannt" bist, fahre langsam mit deinen Händen über deine Chakren und komme ins Fühlen. Dort, wo du eine gewisse Schwere, Traurigkeit oder Kälte wahrnimmst, kannst du ein wenig länger verweilen und Energie hineinfließen lassen. Nimm wahr, wie sich die Blockaden immer mehr lösen und du in einen Zustand der Entspannung und Leichtigkeit übergehst. Wiederhole diesen Vorgang gerne mehrmals. Blockaden und Verspannungen haben sich meist über einen längeren Zeitraum gebildet und brauchen deshalb auch eine gewisse Zeit, um sich wieder zu lösen.

GERADE HEUTE

bin ich frei von Angst

CHAKRA-ZUORDNUNG:
Wurzel-, Sakral-, Solarplexus-Chakra

PASSENDE HEILSTEINE:
Amethyst, Tigerauge, Bergkristall

INTENTION:
Angst ist etwas ganz Natürliches; Angst hält uns sicher. Deshalb ist Angst auch wichtig, um unser Überleben zu sichern. Jedoch befinden wir uns im Alltag selten in Situationen, in denen es um Leben und Tod geht. Doch Angst suggeriert unserem System und unserem Unterbewusstsein eben genau das, deshalb werden bestimmte Reaktionen im Körper ausgelöst, die uns in akuten Stress bringen. Entscheide dich deshalb heute bewusst dafür, deiner Angst keinen Raum zu geben, sondern stattdessen mehr Zuversicht einzuladen. Denn du bist stärker und mutiger, als du vielleicht gerade glaubst. Deine innere Löwin, dein innerer Löwe möchte geweckt werden und steht dir jeden Tag zur Seite – wenn du sie oder ihn lässt.
Gehe mit der Angst ins Gespräch. Wovor will sie dich gerade beschützen? Welches Thema, welche Unsicherheit liegt unter deiner Angst und was kannst du tun, um dich in diesem Moment sicher zu fühlen, ohne diesen in Angst zu verbringen? Angst kann uns ganz schön lähmen, weil sie uns zu rationalen Entscheidungen zwingt (eben um unser Überleben zu gewährleisten), während wir doch eigentlich unser Leben intuitiv und herzgeführt gestalten möchten.

SELFCARE:

Nimm die Angst an die Hand. Versuche deiner Angst heute einmal wie einem guten Freund zu begegnen und gehe mit ihr ins Gespräch. Je mehr du sie verstehst, desto besser kannst du dich von ihr lösen und andere Wege gehen. Vielleicht kannst du ein paar Journalingfragen nutzen, um dich mit deiner Angst tiefgreifender auseinanderzusetzen:

- Wovor habe ich gerade Angst?
- Meine Angst hilft mir dabei, dass ...
- Statt mich meiner Angst hinzugeben, könnte ich das tun ...
- Wenn ich keine Angst mehr hätte, würde ich ...

Nutze gerne Reiki, um deine Angst loszulassen. Dafür kannst du dich ganz besonders deinem Wurzelzentrum widmen. Kanalisiere die Energie und setze die Intention: „Meine Angst darf in Liebe gehen." Lege nun die Hände auf dein Wurzelchakra und lass die Energie fließen. Um die Wirkung zu verstärken, kannst du zudem einen Heilstein, wie Amethyst, Tigerauge oder Bergkristall, auf dein Wurzelchakra legen oder ihn bei der Energie-übertragung in deiner Hand halten.

GERADE HEUTE

liebe ich mich selbst in all meinen Facetten und Rollen

CHAKRA-ZUORDNUNG:
Herz-Chakra

PASSENDE HEILSTEINE:
Rosenquarz, Rhodonit, Mondstein

INTENTION:
Wir alle haben Makel, wir alle haben Eigenheiten und wir alle sind wunderschön. Mache dir heute deine innere und äußere Schönheit bewusst und konzentriere dich auf deine liebevollen Charaktereigenschaften und die Dinge, die dich wirklich als Mensch ausmachen. Du bist weit mehr als nur eine Rolle, auch wenn du dich vielleicht manchmal so fühlst. Vielleicht bist du Freundin/Freund, Bruder/Schwester, Kind/Enkel:in, Mutter/Vater, Angestellte oder Angestellter (oder selbstständig tätig), Sportler/Sportlerin ... Du bist das alles und so viel mehr. Es geht nicht darum, jeden Tag deine Rolle zu erfüllen, sondern dich selbst in deinen jeweiligen Rollen zu erfahren und dabei zu jedem Zeitpunkt deines Lebens authentisch DU zu sein. Du bist mehr als eine Rolle, sie sind nur ein Teil von dir. Und all diese Teile sind auf ihre ganz eigene Art liebevoll und gewollt. Mache dir zudem bewusst, dass du niemandem etwas beweisen musst. Niemand hat dir vorzuschreiben, wie du zu sein hast, um eine gewisse Rolle zu erfüllen.

SELFCARE:

Öffne dein Herz für dich. Vielleicht tust du dich genau mit einer Rolle schwer und hast das Gefühl, diese nicht gut genug zu erfüllen. Schreibe dir einen Brief aus der Sicht dieser Rolle und lobe dich dafür, wie gut du diese meisterst. Ich fange an: Liebe Eva, ich schätze es sehr an dir, dass du dir immer wieder bewusst Zeit für deine Kinder nimmst, selbst wenn du im Stress bist und deine To-Do Liste kein Ende nimmt. Du hast stets ein offenes Ohr für die Ängste und Sorgen deiner Kinder und nimmst diese ernst ...

Jetzt bist du dran. Was wolltest du dir schon immer einmal sagen? Wofür möchtest du dich vielleicht bei dir selbst einmal bedanken? Schenke dir diese liebevolle Umarmung in Form deiner Worte und lass sie auf dich wirken.

GERADE HEUTE
bin ich mutig
11

CHAKRA-ZUORDNUNG:
Solarplexus-Chakra

PASSENDE HEILSTEINE:
Sodalith, Tigerauge, grüner Aventurin

INTENTION:
Wahrscheinlich kennst du den Spruch: „Mit Mut fangen die schönsten Geschichten an" und es steckt so viel Wahrheit darin. Doch Mut äußert sich für jeden von uns anders. Vielleicht bedeutet es für dich, dich einem unangenehmen Gespräch zu stellen und endlich Dinge anzusprechen, die dir schon so lange auf der Seele brennen. Vielleicht aber auch, mit dem Auto zur Rushhour in die Stadt zu fahren. Beides kann Mut erfordern und mit einer enormen Willenskraft einhergehen, diesen Schritt zu wagen. Doch mit Mut kommt auch der Stolz, Euphorie und Freude - all das sind Emotionen, die wir vermehrt einladen möchten, da sie uns beflügeln und dazu bringen, uns noch mehr zuzutrauen und immer wieder einen Schritt mehr aus unserer Komfortzone herauszugehen. Es bedarf großen Mutes, einen Schritt zu gehen, gerade wenn man nicht weiß, wie sich bestimmte Dinge entwickeln, da vieles ungewiss ist. Doch Mut kann uns Freiheit und Heilung schenken und uns dabei helfen, uns selbst noch einmal besser kennenzulernen und das Vertrauen in uns und unsere innere Kraft zu stärken.

SELFCARE:

Sei mutig! Kreiere dir ein kleines Reiki-Mut-Portal. Wie das geht? Lade die Reiki-Energie zu dir ein (Siehe Kapitel: „So arbeitest du selbst mit der universellen Lebensenergie“) und zeichne entweder das erste Reiki-Symbol CKR, sofern du in Reiki eingeweiht bist, oder einen Kreis auf den Fußboden vor dir. Nun lass Energie in das Symbol fließen und stelle dich mittig hinein. Schließe nun die Augen und nimm wahr, wie das Gefühl von Mut aus dem Symbol auf dem Boden durch deine Fußsohlen in deinen Körper strömt. Ganz langsam fließt diese kraftvolle Energie durch deinen Körper hindurch in jede Zelle hinein und erfüllt dich immer mehr mit Mut und Stärke. Diese Energie strahlt nun aus deinem Körper, aus deinen Poren heraus bis in dein Umfeld hinein und begleitet dich den Tag hindurch. Wann immer du das Gefühl hast, ein wenig Mut zu benötigen, wiederhole diese Übung oder besinne dich darauf, dass der Mut bereits in deinen Zellen verankert ist, du musst ihn nur abrufen.

GERADE HEUTE
bin ich unabhängig und frei
12

CHAKRA-ZUORDNUNG:
Solarplexus-Chakra

PASSENDE HEILSTEINE:
Fluorit, Jade, Moosachat

INTENTION:
Unabhängigkeit ist ein Grundbedürfnis von vielen von uns. Wir bringen uns ungern in Abhängigkeiten, gerade wenn wir davon träumen, selbstbestimmt zu leben. Doch auch wenn wir von gewissen Dingen abhängig sind, darfst du dir bewusst machen, dass du in jedem Moment deines Lebens unabhängig sein kannst. In erster Linie bist du für dich selbst verantwortlich und kannst Entscheidungen treffen, die dir selbst entsprechen. Lass die Angst los, egoistisch zu wirken, wenn du für dich einstehst und dich selbst wichtig nimmst. Unabhängigkeit zeigt sich in vielen Facetten, und auch wenn du dich in einem gesellschaftlichen Rahmen bewegst, kannst du dir einen unabhängigen Raum kreieren. Ich stelle mir das gern als Bilderrahmen vor, der unserem Leben einen gewissen Rahmen schenkt und uns auf seine Art sicher hält. Innerhalb dieser Begrenzung ist jedoch eine weiße Leinwand gespannt, auf welcher du dich selbst austoben kannst. Die Gestaltung übernimmst einzig und allein du. Egal ob bunt, schwarzweiß, abstrakt oder detailreich; du malst dein Bild des Lebens. Mach dir dies immer wieder bewusst.

SELFCARE:

Nimm dir einen kleinen Zettel und schreibe einen für dich motivierenden Satz in Bezug auf deine Unabhängigkeit darauf, wie beispielsweise: „Ich habe in jedem Moment die Möglichkeit, unabhängig zu sein." Falte diesen nun und lasse (Reiki-)Energie über deine Handflächen auf den Zettel fließen. Alternativ kannst du das erste Reiki-Symbol CKR verwenden und zuvor darüber zeichnen, um die Energie zu verstärken. Du kannst diesen Zettel nun gern in einer Box aufbewahren und immer wieder Energie dorthin schicken, wenn du dich eingeschränkt fühlst.

Wenn du möchtest, lege einen der Heilsteine in die Box mit dazu. Oder aber du verbrennst den Zettel und gibst diese Intention ans Universum ab.

GERADE HEUTE

bin ich verbunden mit meinem Umfeld

CHAKRA-ZUORDNUNG:

Herz-Chakra

PASSENDE HEILSTEINE:

Rosenquarz, Rhodonit, Lapislazuli

INTENTION:

Wir sind alle miteinander verbunden. Unser Handeln hat einen Effekt auf alle Organismen auf dieser Erde. Das heißt, du kannst dich jeden Tag wieder und wieder dafür entscheiden, diese Verbindung zu stärken und somit auch die Verbindung zu dir selbst. Denn alles, was wir nach außen senden, gelangt auch immer wieder zu uns zurück. Du kennst es vielleicht selbst. Wenn du einen Tag richtig gut drauf bist und mit positiver Energie durch das Leben gehst, vielleicht weil du frisch verliebt bist, begegnen dir einige Menschen, die dich einfach so freundlich anlächeln, dir ihre Hilfe anbieten oder dich an der Kasse vorlassen. Deine Energie schwappt quasi auf dein Umfeld über und es gibt einen sofortigen Effekt, wie dein Umfeld auf dich reagiert. Denn auch du bist mit der Natur verbunden. Nicht ohne Grund tut es uns gut, barfuß über eine Wiese zu gehen, eine Zeit lang im Wald zu verweilen, uns im Meer treiben zu lassen oder uns nachts die Sterne am Himmel anzusehen. Wir fühlen uns als Teil eines großen Ganzen, als kleines Zahnrädchen in einem großen System, das wir nie gänzlich erfassen und begreifen können. Doch wir alle wissen, dass wenn das kleinste

Zahnrädchen hakt, das ganze System zusammenbrechen kann. Deshalb bist du wichtig, deine Verbindung ist wichtig und heute ist ein guter Tag, diese zu sehen, bewusst wahrzunehmen und deine Energie dahingehend auszurichten.

SELFCARE:

Wann fühlst du dich am meisten verbunden mit deinem Umfeld? Wenn du allein in der Natur bist oder beim gemütlichen Abend mit Freund:innen? Gehe bewusst in diese Verbindung und genieße den Moment. Leg dein Smartphone zur Seite und bleib in den Gedanken im Hier und Jetzt. Dieser Augenblick gehört nur dir bzw. euch. Wenn du magst, kannst du gerne ein Foto von diesem Abend oder Moment machen (dafür darfst du dein Smartphone dann auch sehr gerne in die Hand nehmen). Auf dieses Foto kannst du, vielleicht an einem Tag, an dem du diese Verbindung nicht ganz so deutlich spüren kannst, aber gern auch jeden sonstigen Tag, ein wenig liebevolle Energie senden. Wenn du Reiki-Praktizierende:r bist, kannst du dafür gerne auch das erste Reiki-Symbol CKR nutzen. Sonst ist es aber völlig ausreichend, wenn du die Energie für dich kanalisiert, über deine Hände auf das Foto (digital oder als Print - das ist ganz egal) fließen lässt und dich an den schönen Moment zurückerinnerst.

GERADE HEUTE
bin ich in Balance
14

CHAKRA-ZUORDNUNG:
Sakral-Chakra, Herz-Chakra

PASSENDE HEILSTEINE:
Chrysokoll, Jade, Golden Healer

INTENTION:
Wie ist es aktuell um deine Balance bestellt? Wie steht es um ein ausgewogenes Geben und Nehmen in deinem Alltag? Gibst du dir selbst das, was du anderen, ohne zu zögern, geben würdest? Gerade wenn es darum geht, die Bedürfnisse anderer zu befriedigen, geben wir diesbezüglich oft mehr, als wenn es um unsere eigenen geht. Schnell kommen wir in ein Gefühl, dass es doch egoistisch wäre, sich um uns selbst zu kümmern, schließlich sind wir nicht allein auf der Welt. Doch du kannst nur so viel geben, wie dir selbst zur Verfügung steht. Wenn dein Kelch leer ist, du ausgebrannt und erschöpft bist, ist da auch nichts mehr, was du anderen geben könntest. Daher soll dich diese Karte daran erinnern, einmal auf deine eigenen Akkus zu schauen. Sind diese ausreichend gefüllt, sodass du auch für andere (und zudem ausreichend für dich selbst!) da sein kannst, oder brauchst du einfach mal eine kleine Auszeit?

SELFCARE:

Setze liebevolle Grenzen, wenn es um deine eigene Balance geht. In Balance zu sein bedeutet, dich selbst wichtig zu nehmen und ein gewisses Gleichgewicht hergestellt zu haben. Setze dich einmal in den Schneidersitz oder den Fersensitz und schließe die Augen. Lege deine Hände mit den Handflächen nach oben auf deinen Oberschenkeln ab. Spüre nun, ob sich deine linke und rechte Körperhälfte in Balance befinden oder dich eine gewisse Schwere zur einen oder anderen Seite zieht. Sollte sich alles ausbalanciert anfühlen, lege die Hände gerne auf dein Herz- oder Sakral-Chakra und lasse Energie dort hineinfließen, um die Balance noch einmal zu verstärken. Solltest du dich zu einer Seite hin unausgeglichen fühlen, nimm deine Hand und lege sie sanft auf die Schulter der Seite, die du als unausgeglichen wahrnimmst. Nun lasse die Energie dort hineinfließen, sodass sich dieser Teil deines Körpers ebenfalls mit Licht füllt und du eine gewisse Balance herstellst. Am Ende der Übung sollte sich dein Körper im Ganzen leicht und lichtvoll anfühlen. Sodass du dich zu beiden Seiten hin ausbalanciert fühlst.

GERADE HEUTE
stehe ich mir selbst zur Seite
15

CHAKRA-ZUORDNUNG:

Wurzel-Chakra, Herz-Chakra

PASSENDE HEILSTEINE:

Rosenquarz, Aquamarin

INTENTION:

Sei dir selbst dein bester Freund, wäre ein klassischer Spruch für einen in Goldfolie verpackten Glückskeks. Doch die Message dahinter beinhaltet etwas sehr Wahres. Oft erinnern wir uns erst in Krisen daran, wie stark wir eigentlich sind, ermutigen uns selbst, weiterzumachen, reden uns gut zu, sind unser:e eigene:r Cheerleader:in und nehmen uns Zeit für uns selbst. Doch auch im Alltag, ohne dass etwas Besonderes ansteht, ist es wichtig, wie wir mit uns selbst umgehen und wie wichtig wir selbst unsere eigenen Bedürfnisse nehmen. Gerade wenn wir nicht so gut mit unserer Intuition verbunden sind oder uns permanent in einem „People Pleaser Modus“ befinden, verlieren wir den Kontakt zu uns selbst. In diesen Momenten nehmen wir uns selbst nicht so wichtig und fühlen uns oft trotzdem schlecht, weil wir immer noch mehr tun, noch mehr helfen, noch mehr arbeiten, noch früher aufstehen ... könnten. Diese Liste lässt sich ewig fortführen. Würdest du aber mit einem Freund oder einer Freundin darüber sprechen, wird dir bestimmt gespiegelt, dass du alles ganz wunderbar schaffst und machst und zudem ein sehr liebevoller Mensch bist, unabhängig von dem, was du heute schon geleistet hast. Diese Karte soll dich daran erinnern, liebevoll mit dir zu sein und umzugehen, auch wenn du es vielleicht gerade nicht fühlst, weil deine To-do-Liste noch endlos lang ist oder du heute besonders gestresst bist. Du bist IMMER liebenswert und musst dich nicht dafür entschuldigen, du selbst zu sein. Geh nicht so hart mit dir ins Gericht und versuche, auch innerlich so mit dir zu sprechen, wie du es mit einer Freundin oder einem Freund oder Familienmitglied tun würdest.

SELFCARE:

Lege deine Hände aufeinander gestapelt auf dein Herz und lade die (Reiki-) Energie ein. Gerne kannst du in der unteren Hand auch einen Rosenquarz festhalten bzw. sanft auf dein Herz-Chakra drücken.

Nimm wahr, wie deine Hände leicht zu kribbeln beginnen oder sich ein Gefühl von Wärme auf deinen Handflächen zeigt. Nun schenke dir eine liebevolle Umarmung, indem du deine Arme überkreuzt und die Hände auf deinen Schultern ruhen lässt. Drücke gern ein wenig fester zu und spüre die Liebe für dich selbst und wie diese durch die Umarmung hindurch in deinen Körper fließt. Wenn es sich gut anfühlt, lass gerne deinen Kopf ein wenig sinken und lege das Kinn auf deiner Brust ab. Wenn es sich gut für dich anfühlt, mache dir selbst ein paar Komplimente: „Ich bin gut so, wie ich bin“, „Ich werde das schaffen”, „Ich bin für mich da“, „Meine Bedürfnisse sind wichtig“, „Ich gestalte mein Leben“ … Halte dich fest und genieße die Wärme. Du bist nie allein, wenn du dir selbst zur Seite stehst, und du hast die Kraft, alles zu meistern und zu erreichen.

GERADE HEUTE
bin ich fröhlich
16

CHAKRA-ZUORDNUNG:

Wurzel-Chakra

PASSENDE HEILSTEINE:

Bernstein, Achat, Citrin

INTENTION:

Es gibt diese Tage, an denen man aufwacht und direkt merkt: „Das wird definitiv nicht mein Tag.“ Doch heute lassen wir uns nicht von unserem Kopf veräppeln und du beweist dir das Gegenteil. Auch wenn es simpel und ein wenig naiv klingt, kannst du dich bewusst dafür entscheiden, dass heute ein guter Tag wird. Wenn du dabei auf deine eigene Energie achtest und die griesgrämige Energie der U-Bahn-Nörgler (weil diese einmal wieder Verspätung hat) und Co. einfach ausblendest. Konzentriere dich auf dich und dein eigenes Glück. Was hilft dir dabei, fröhlich zu sein und deine Sorgen ein Stück weit aufzulösen? Bleibe achtsam im Hier und Jetzt und genieße die schönen Momente deines Alltags. Du hast das Recht, gut drauf zu sein und niemandem steht es zu, deine Fröhlichkeit und dein strahlendes Licht zu dimmen.

SELFCARE:

Mache dir selbst ein Geschenk. Dieses Geschenk muss nicht materieller Natur sein, sondern soll dich einfach nur erfreuen. Ein langer Spaziergang in der Natur oder die halbe Stunde in der Badewanne, obwohl du eigentlich noch ein Meeting vorbereiten müsstest? Lass deine Sorgen für einen Moment los und suche dir etwas, das deine Stimmung hebt. Vielleicht ein Strauß frischer Blumen auf dem Wohnzimmertisch, bei dem du jedes Mal lächelst, wenn du ihn nach der Arbeit oder am Morgen betrachtest. Was verschafft dir Glücksgefühle und Fröhlichkeit? Zudem kannst du auch noch einen der genannten Kristalle in deine Hosentasche oder in deinen BH stecken und ihn den Tag über bei dir tragen. Er darf dich immer wieder daran erinnern, dass es nie zu spät ist für gute Laune und eine große Portion Fröhlichkeit.

GERADE HEUTE

trage ich leichtes Gepäck

17

CHAKRA-ZUORDNUNG:
Solarplexus-Chakra

PASSENDE HEILSTEINE:
Tigerauge, Serpentin, Turmalin

INTENTION:
Welche Steine trägst du aktuell im Rucksack deines Lebens, die du schon längst einmal loswerden wolltest? Zeit für eine Bestandsaufnahme! Nimm den Rucksack von den Schultern und schaue einmal hinein. Was ist gerade los bei dir? Was belastet dich vielleicht sogar? Gibt es Dinge, die du schon einige Zeit mit dir herumträgst, die aber gar nicht zu dir gehören? Du bist nicht auf dieser Erde, um jedes Thema zu deinem zu machen, und es ist dir niemand böse, wenn du dich nicht immer allen Dingen annimmst und dir noch mehr auflädst, als du eigentlich tragen kannst. Wenn du am Ende zusammenbrichst, hat niemand etwas davon. Deshalb sortiere gewissenhaft aus und priorisiere, schreibe Dinge auf oder gib sie ab. Alles, was du aus deinem Kopf bringen kannst, verschafft dir mehr Leichtigkeit und lässt auch dein Gepäck weniger sperrig und schwer wirken. Erlaube dir, dich leicht und unbeschwert zu fühlen wie ein Vogel.

SELFCARE:

In dieser Übung kannst du Themen liebevoll an ihre „Besitzer:innen" zurückgeben. Vielleicht setzt dir die hitzige Diskussion mit deiner Chefin letzte Woche noch immer zu, obwohl du eigentlich genau weißt, dass es am Stress deiner Vorgesetzten liegt, und nicht an deiner Persönlichkeit oder unerledigter Arbeit. Dies, oder ähnliche Themen, kannst du mit der folgenden Übung loslassen. Setze dich gern aufrecht im Schneidersitz oder Meditationssitz hin und lade die universelle Lebensenergie ein. Nun stellst du dir die Person vor, deren Päckchen du gerade mit dir herumträgst. Die Person sitzt dir offen gegenüber. Nun bringst du deine Hände nach vorn und lässt die Handflächen nach oben zeigen. Stell dir gern ein Päckchen vor, das auf deinen Handflächen liegt. Wie sieht es aus? Ist es verpackt? Hat es eine spezielle Form? Ist es schwer oder leicht? Leuchtet es vielleicht? Im nächsten Schritt kannst du dich für die Erfahrung bedanken, die du mit dem Päckchen gemacht hast, und es dann in Liebe an dein imaginäres Gegenüber zurückgeben. Ein Beispiel zur Formulierung wäre: „Kleines Päckchen, ich danke dir, dass du mir geholfen hast, mich selbst noch ein wenig mehr zu reflektieren. Nun gebe ich dich aber in Liebe an XY (Name der Person) zurück und trenne die Verbindung."

Stelle dir gerne einen der oben genannten Kristalle an einen Platz, an dem du ihn immer wieder siehst und mache dir immer wieder bewusst, dass du nicht für die Päckchen deiner Mitmenschen Verantwortung trägst.

GERADE HEUTE

achte ich auf meine Gedanken

CHAKRA-ZUORDNUNG:
Herz-Chakra

PASSENDE HEILSTEINE:
Heliotrop, Erdbeerquarz

INTENTION:
Unsere Gedanken hüpfen oftmals wie Flöhe hin und her und sind dadurch schwer zu greifen. Wir grübeln, ob wir uns gestern im Gespräch mit der Freundin richtig verhalten haben oder machen uns Sorgen, dass der Koffer für den Winterurlaub eventuell zu klein sein könnte. Wir denken so viele Gedanken immer und immer wieder und kommen doch zu keiner Lösung. Und was macht das mit uns? Richtig! Es trägt dazu bei, dass wir eine unterschwellige Unruhe fühlen und den gegenwärtigen Moment weder richtig wahrnehmen noch genießen können. Deshalb ist diese Karte auch ganz besonders wichtig, denn unsere Gedanken zu sortieren und vielleicht auch einmal auf stumm zu stellen, kann sehr befreiend sein. So wirken wir nicht nur Energieverschwendung entgegen (denn unser Gehirn verbraucht bei solchen Prozessen jede Menge Energie), sondern werden auch entspannter. Unser Körper kann nämlich nicht wirklich unterscheiden, ob wir uns gerade in einer akuten Stresssituation befinden oder ob wir gerade nur darüber nachdenken. Die Reaktion, das Aussenden von Stresshormonen, bleibt dieselbe. Deshalb ist dies ein kleiner Reminder zu mehr Achtsamkeit. Sei dabei aber nicht zu streng mit dir. Gerade wenn es um die eigenen

Gedanken und Gedankenmuster geht, braucht es Zeit, diese zu durchbrechen. Aber heute ist ein guter Tag dafür, dich einmal dabei zu beobachten, gewisse Prozesse zu identifizieren (welchen Gedanken denkst du immer und immer wieder?) und dich bewusst dafür zu entscheiden, einen Gedanken einmal ziehen zu lassen und nicht erneut in eine Endlosschleife zu verfallen.

SELFCARE:

Du wirst einen Gedanken nicht los? Dann hilft dir vielleicht folgende Übung. Spinn deinen Gedanken in allen möglichen Szenarien zu Ende - und zwar nicht nur rein im Kopf. Am besten funktioniert es, wenn du dir alle Möglichkeiten selbst erzählt (zum Beispiel als eine Audiodatei auf dem Smartphone) oder alles niederschreibst. Denke dir das schlimmste Worst-Case Szenario aus und male dir das blumigste Best-Case-Szenario aus. Versuche dabei, es dir nicht nur vorzustellen, sondern auch zu fühlen. Wenn du dir alles notiert oder ausgesprochen hast, was passieren könnte, kommt der zweite Teil der Übung. Dafür lädst du die (Reiki-)Energie ein und legst danach die Hände auf dein Herz. Lasse die Energie in dein Herz fließen und fühle die Leichtigkeit und Zuversicht, die damit einhergeht. Danach sagst du dir: „Ich bin im Hier und Jetzt. Dass ich noch nicht weiß, was morgen ist, ist ein Geschenk. Ich lasse meine Sorgen und Zweifel los und verabschiede meinen Gedanken in Liebe und Zuversicht. Ich tue alles, was nötig ist, und genieße den gegenwärtigen Moment."

GERADE HEUTE
bin ich voller Energie
19

CHAKRA-ZUORDNUNG:

Sakral-Chakra

PASSENDE HEILSTEINE:

Apatit, Jaspis, Rubin

INTENTION:

Du fühlst dich energielos und schlapp und selbst der dritte Kaffee zeigt nicht die erwünschte Wirkung? Womöglich kann deine Energie gerade nicht richtig fließen und irgendwo sitzt eine versteckte Blockade, die den Energiefluss soweit hemmt, dass du dich abgetrennt und ausgelaugt fühlst. Mache dir zwei Dinge bewusst: Die universelle Lebensenergie ist immer da und du kannst sie, beispielsweise mit regelmäßigen Reiki- bzw. Energie-Selbstbehandlungen, wieder in den Fluss bringen. Es ist aber auch okay, sich nicht jeden Tag gleich energiegeladen und fit zu fühlen. Unser Körper leistet täglich immens viel, um uns gesund und fit zu halten, aber auch dies hat Grenzen, weshalb wir hin und wieder krank werden oder uns schwächer fühlen. Dies anzunehmen, ohne dich dafür zu verurteilen, ist der erste Schritt, um dein Energielevel wieder anzuheben. Mache dir deine Energie bewusst, ganz egal, ob es heute dreißig oder hundert Prozent sind, die du zu geben hast - es ist vollkommen okay. Nutze die Energie, die dir heute zur Verfügung steht, und achte auf dich und deine Bedürfnisse.

SELFCARE:

Um deine Energie wieder fließen zu lassen, kannst du eine klassische Selbstbehandlung (siehe Kapitel: „So arbeitest du selbst mit der individuellen Lebensenergie“) durchführen. Wenn du schon etwas fortgeschritten oder sehr intuitiv bist, kannst du gerne während der Behandlung hineinspüren, in welchem Chakra oder Körperteil deine Blockade sitzen könnte. Dahingehend kannst du gerne dieses Chakra oder den Teil deines Körpers intensiv behandeln und dazu das erste Reiki-Symbol CKR verwenden, indem du es einmal darüber zeichnest und dann mit den Händen einbringst. Dafür stellst du dir das Symbol vor deinem inneren Auge vor und schiebst es sanft hinein oder bringst es mit sanft kreisenden Bewegungen in dein Chakra. Dabei kannst du nichts falsch machen und beide Varianten eignen sich hervorragend dazu. Verweile mit den Händen so lange auf dem Teil deines Körpers, wie es sich gut anfühlt, bevor du die Energieverbindung wieder trennst und dich für Reiki bedankst.

GERADE HEUTE
bin ich frei von Verurteilung
20

CHAKRA-ZUORDNUNG:

Herz-Chakra

PASSENDE HEILSTEINE:

Larimar, Apatit, Bergkristall

INTENTION:

Erinnerst du dich an Justitia, die griechische Göttin der Gerechtigkeit? Sie wird mit einer Augenbinde, einer Waagschale in der einen Hand und einem Schwert in der anderen Hand dargestellt. Man sagt, die Waagschale steht dabei für das gerechte Strafmaß, das Schwert für die Härte der Strafe und die Augenbinde dafür, dass sie unabhängig vom Anblick ihres Gegenübers ein gerechtes Urteil fällt. Gerechtigkeit ist ein wichtiger Faktor unserer Gesellschaft, denn es wird immer wieder nötig sein, dass wir uns für Schwächere einsetzen müssen und auch, dass jemand eine gerechte Strafe erfährt, falls er etwas getan hat, das so nicht richtig war. Justitia aber nimmt sich die Zeit, sich dem Fall anzunehmen, ohne vorschnell zu urteilen. Gerade die Augenbinde erinnert uns daran, neutral und ganz bei uns zu bleiben. Mit dieser Karte soll es nicht darum gehen, dass wir uns eine Meinung bilden oder etwas ungerecht finden sollen. Sondern sie ermutigt uns dazu, nicht vorschnell zu urteilen, vielleicht sogar in einem Stadium, in dem wir weder die Hintergründe noch die Person kennen, um die es geht. Sie soll dich daran erinnern, einen Schritt zurückzutreten, dich auf dich selbst zu besinnen und dich der Situation, in der du dich gerade befindest, möglichst vorurteilsfrei zu stellen. Darüber hinaus ermöglichen sich neue Perspektiven, wenn du mit einem freien Geist und frei von Vorurteilen durchs Leben gehst. Personen und auch Situationen können dich überraschen und dir das Gegenteil beweisen, was du vielleicht zunächst erwartet hast. Wenn du das nächste Mal bemerkst, dass du dabei bist, dir (zu) schnell ein Urteil zu bilden, nimm dich selbst aus der Situation raus und gehe in eine beobachtende und ruhige Perspektive. Lass dich nicht von Äußerlichkeiten blenden, sondern konzentriere dich auf deine innere Stimme und lasse dich von ihr leiten.

SELFCARE:

Frei von Vorurteilen zu sein, ist kein leichtes Unterfangen. Da wir Menschen die Welt verstehen wollen und eine gewisse Ordnung anstreben, hilft es uns dabei, Menschen in gewisse Gruppen einzuteilen. Heute aber wollen wir unsere innere Justitia einmal dazu bringen, dass sie Schwert und Waagschale zur Seite legt, und ihr zeigen, dass sie sich sicher fühlen kann, auch ohne Dinge zu beurteilen. Denn selbst wenn wir für uns Menschen oder Situationen in verschiedene Kategorien einteilen, bringt uns dies nicht weiter. Wir verbauen uns eher die Chance, jemanden wirklich kennenzulernen, indem wir ihm vielleicht direkt bestimmte Eigenschaften zuschreiben. Womöglich hast du selbst auch schon einmal die Erfahrung gemacht, dass dich eine fremde Person falsch eingeschätzt hat. Welche

Eigenschaft wurde dir zugeschrieben, die überhaupt gar nichts mit deiner Persönlichkeit zu tun hat, und weißt du vielleicht auch warum? Wie würdest du dir stattdessen wünschen, dass du von anderen gesehen wirst? Schicke gern Reiki an die Version von dir selbst, die du gerne sein möchtest. Eine Person, die selbst weitestgehend frei von Vorurteilen ist und die auch für das gesehen und geschätzt wird, was sie ist.

Um diese Klarheit und Vorurteilsfreiheit im Alltag zu unterstützen, kannst du gerne einen Bergkristall in deine (Hosen-)Tasche stecken und dich von seiner Energie unterstützen lassen.

GERADE HEUTE
empfinde ich Frieden
21

CHAKRA-ZUORDNUNG:

Stirn-Chakra, Herz-Chakra

PASSENDE HEILSTEINE:

Peridot, Lepidolith

INTENTION:

Innerer Frieden klingt im ersten Schritt sehr abstrakt und noch viel schwerer zu erreichen. Frieden mit sich selbst zu schließen und liebevoll mit sich selbst zu sein, ist das nicht das Thema aller Karten in diesem Deck? In gewisser Weise schon, denn Achtsamkeit und die Arbeit mit Reiki haben ganz viel mit einem friedvollen Leben, Selbstannahme und Liebe zu tun. Schlüsselbegriffe, die auch beim inneren Frieden eine große Rolle spielen. Doch bei dieser Karte darf es nun darum gehen, dass du deinen inneren Frieden kultivierst, indem du dich bewusst dafür entscheidest, dich heute nicht zu bewerten und dich auch nicht zu vergleichen. Weder mit anderen Personen noch mit anderen Versionen von dir, ganz gleich, ob diese Version in der Vergangenheit oder in der Zukunft liegt. Jeder Mensch ist anders, und auch du veränderst dich. Es gibt aber einen Grund, warum du genau jetzt so bist, wie du bist, und du bist in diesem Moment die beste Version deiner selbst, die du gerade sein kannst. Du kannst dir genau jetzt das geben, was du brauchst, und du darfst dich genau jetzt so akzeptieren und annehmen, wie du bist. Dein innerer Frieden kommt, wenn du dich bewusst dafür entscheidest, radikal DU zu sein und dein Leben wirklich zu leben, jetzt im Moment ... gerade heute.

SELFCARE:

Um dieses Gefühl zu integrieren, eignet sich eine Meditation sehr gut. Da es aber nicht immer eine Meditation in Stille sein muss, kannst du gern eine Tanzmeditation ausprobieren. Lade dafür gerne zunächst Reiki ein und lass es für ein bis zwei Minuten in dein Stirn-Chakra fließen. Dies kannst du intensivieren, indem du währenddessen einen Peridot oder Lepidolith auf dein Stirn-Chakra legst und deine Hände darüber hältst. Suche dir danach ein energetisches Lied aus, zu dem du gut tanzen kannst, welches dich empowert, aber auch innerliche Ruhe und Frieden schenkt. Stelle zunächst sicher, dass du dich innerhalb des Raumes frei bewegen kannst und dich nicht verletzt, wenn du gleich mit geschlossenen Augen tanzt. Wenn du bereit bist, schließe deine Augen und lasse dich einfach zum Takt mittragen. Schüttle deine Arme aus, hüpfe wild durch den Raum, mache alles, was guttut, und lass alles los, während du tanzt. Sollten deine Gedanken während des Tanzes weiterziehen, lenke sie wieder bewusst zum jetzigen Moment in deine Meditation zurück und tanze weiter. Nimm dir ein oder zwei Lieder Zeit, wirklich jede Faser deines Körpers einmal auszuschütteln und alles loszulassen, was dich noch daran hindert, dich selbst so anzunehmen, wie du bist, und den inneren Frieden zu kultivieren. Und mach dich bitte von dem Gedanken frei, wie du während dieser Meditation aussiehst oder wirkst - bei diesem Tanz geht es nur darum, dir selbst Ausdruck zu verleihen, und nicht darum, „schön" zu tanzen.

GERADE HEUTE
übe ich mich in Toleranz
22

CHAKRA-ZUORDNUNG:

Herz-Chakra

PASSENDE HEILSTEINE:

Amazonit, Smaragd

INTENTION:

Toleranz und Mitgefühl sind Kernkompetenzen unserer Gesellschaft, und trotzdem kommen sie oft zu kurz. Viele der Impulse beziehen sich auf deine innere Einstellung, persönliches Wachstum oder deine eigene Achtsamkeit. Da wir aber einen immensen Effekt auf unsere Umgebung haben, ist es ebenso wichtig, auch den Blick nach außen zu richten. Indem wir Toleranz üben, schätzen wir unser Gegenüber wert und geben ihm oder ihr das Gefühl, dass wir sie sehen. Und zwar wirklich sehen, nicht nur über den Rand unseres Smartphones hinaus. Wir akzeptieren und schätzen andere für das, was sie sind und wie sie sind, und es gibt wahrscheinlich kaum ein Gefühl, das mehr positiven Einfluss auf andere hat wie Liebe, Wertschätzung und Toleranz. Denn ist es nicht das, was auch wir uns für uns wünschen? Für unsere Kinder, unsere Eltern, unsere Freund:innen … alle Menschen, die wir lieben. Wenn wir tolerant und mit einem offenen Herzen durch das Leben gehen, können wir einen großen Mehrwert an der Gesellschaft leisten und vielleicht fühlt es sich für dich als Einzelperson sehr banal an, aber es ermutigt andere, es dir gleich zu tun, und dabei wieder andere ... Ein Dominoeffekt setzt sich in Gang. Getreu dem Motto, welches sich auch gegen Rassismus und Diskriminierung richtet: „Wir sind viele."

SELFCARE:

Mit dieser Übung kannst du ein wenig Liebe und Toleranz in die Welt schicken. Mach es dir bequem und wähle deine Methode, um Reiki einzuladen. Sobald du die Energie bewusst für dich wahrnimmst, kannst du die Hände ausbreiten und dir unsere Erde oder einen speziellen Ort vorstellen, an den du das Gefühl von Liebe und Toleranz schicken möchtest. Verbinde dich mit diesem Ort oder der Welt (dafür kannst du auch gern eine Weltkarte oder einen Globus verwenden) und lasse bedingungslose Liebe fließen.
Doch dabei muss es nicht bleiben. Auch im Alltag kannst du Toleranz zeigen, indem du dich für andere Meinungen, Lebensweisen oder Ansichten öffnest und für offene Gespräche oder Diskussionen bereit bist. Darüber hinaus hast du jederzeit die Möglichkeit, dich sozial zu engagieren und dich für Minderheiten oder Missstände stark zu machen – sei es über Demos, ein Ehrenamt oder dein offenes Ohr. Jede Geste zählt.

GERADE HEUTE
bin ich gütig
23

CHAKRA-ZUORDNUNG:

Herz-Chakra

PASSENDE HEILSTEINE:

Dumortierit, Mondstein, Peridot

INTENTION:

Güte ist einer dieser Werte, die uns wahrscheinlich schon von Kind auf begleiten. Wir lernen diese im sozialen Miteinander, ob dieses religiös geprägt ist oder gänzlich frei von christlichen oder anderen Glaubensprägungen. Wir machen die Erfahrung, dass es auch unser eigenes Herz erwärmt, wenn wir anderen Menschen wohlwollend und wertschätzend gesinnt sind, wenn wir uns mit ihnen freuen können, wenn wir unser Herz für sie öffnen, Dinge mit ihnen teilen – egal ob Habseligkeiten oder Gedanken. Güte ist keine Einbahnstraße, eher ein sanftes Lagerfeuer, an dem sich diejenigen wärmen können, die Güte aussenden und die anderen, die diese dankend empfangen. Es braucht nicht viel dazu, anderen Menschen freundlich zu begegnen, aber es macht einen enormen Unterschied. Was bedeutet Güte für dich? Bist du dir selbst gegenüber ebenso gütig wie zu deinen Liebsten? Falls nein, warum fällt es dir noch schwer?

SELFCARE:

Für diese Übung kannst du dich gerne hinlegen und dir sanfte, instrumentale Musik anmachen. Lade die Reiki-Energie ein und lege die Hände auf dein Herz. Konzentriere dich nun darauf, wie die Energie deinen Körper durchströmt und dich mit jedem Atemzug mit mehr Licht erfüllt. Dieses Licht und das Gefühl von Güte, welches damit einhergeht, erfüllt deinen Körper immer mehr, bis irgendwann jeder Teil von dir leuchtet. Das Licht dringt sogar aus deinen Poren aus und strahlt bis in den Raum hinein. Jede deiner Zellen, die nun in voller Kraft strahlen kann, erinnert sich an das Gefühl der Güte zurück und speichert dieses in sich. Du kannst regelrecht spüren, wie sich deine Energiefrequenz anhebt und du dich fröhlicher und zugleich entspannter fühlst.

GERADE HEUTE
lebe ich in Harmonie
24

CHAKRA-ZUORDNUNG:

Sakral-Chakra

PASSENDE HEILSTEINE:

Dumortierit, Rosenquarz, Smaragd

INTENTION:

Streit, Groll und Disharmonie halten dich davon ab, ganz im Moment zu sein. Denn sobald du diesen Gefühlen Aufmerksamkeit schenkst, wirst du schnell merken, dass du dich nicht im Moment befindest. Du lenkst deine Aufmerksamkeit entweder auf das Vergangene, indem du darüber nachdenkst, was passiert ist und was du eventuell hättest besser machen können, oder du zerbrichst dir den Kopf darüber, was es für Auswirkungen auf die Zukunft haben könnte. Deshalb ist es wichtig, im ersten Moment eine innere Harmonie herzustellen, bevor du dich der äußeren Harmonie widmest. Dies gilt natürlich nicht nur bei Streit, sondern betrifft auch generell deinen Alltag. Wenn wir uns auf den Moment besinnen, weder uns selbst noch unser gegenüber verurteilen, einen Gang zurückschalten und uns dafür öffnen, im Einklang zu leben, können wir sehr viel Unzufriedenheit und innere Unruhe loslassen. Dies ist nicht einfach kurz getan, auch wenn es vielleicht in meinen Worten so klingt. Du darfst dich jeden Tag wieder daran erinnern. Du darfst dir bewusst machen, welchen Frieden dir innere sowie äußere Harmonie schenken und wie viel Leichtigkeit dir diese zurückgeben kann. Natürlich ist es auch hier wichtig, deine eigenen Grenzen zu wahren und langfristig nicht in einen „People Pleaser Modus" zu verfallen.

SELFCARE:

Gerade wenn es um Diskussionen und Streits geht, hinterfrage dich, wofür du deine wertvolle Energie einsetzen möchtest und ob es sich wirklich lohnt, dich über etwas aufzuregen. Vielleicht hast du auch schon einmal von der fünf mal fünf Regel gehört, welche besagt, dass man sich nicht länger als fünf Minuten über etwas aufregen sollte, was in fünf Jahren keine Rolle mehr spielt. Wichtig ist, dass du Emotionen durchaus Raum gibst und diese nicht einfach herunterschluckst, ohne sie zu fühlen und somit langfristig aus dem System zu bekommen. Auch dieser Prozess ist wichtig, um in Harmonie zu leben. Welche Emotion trägst du gerade in dir, die dich noch davon abhält, innere Harmonie zu verspüren? Schau dir diese Emotion einmal genau an und frage sie, wenn du möchtest, warum sie sich gerade noch bei dir breitmacht und was es braucht, damit sie dein System friedlich verlassen kann? Möchte sie noch einmal gesehen oder gefühlt werden? Dann nimm dir den Moment, wenn möglich in ungestörtem Raum, und geh diesem Gefühl nach. Solltest du nicht genau wissen, was dich beunruhigt, da sich alles etwas diffus und schwer ums Herz anfühlt, kannst du dir auch Reiki auf dein Sakral- oder Herz-Chakra geben. Mit Energiearbeit ergibt sich ebenfalls oft die Möglichkeit, Emotionen sichtbar zu machen oder gegebenenfalls die Energien wieder fließen zu lassen, sollte etwas blockiert sein, das dich daran hindert, deine Gefühle gerade wahrnehmen zu können.

GERADE HEUTE

bin ich mir selbst bewusst

CHAKRA-ZUORDNUNG:
Herz-Chakra

PASSENDE HEILSTEINE:
Rosenquarz, Rubin, Malachit

INTENTION:
Vielleicht erinnert dich das Wort Selbstbewusstsein an Charakterstärke, Durchsetzungsvermögen und Selbstvertrauen, doch die eigentliche Bedeutung liegt darunter verborgen. Wenn du dir selbst bewusst bist, bist du dir zwar deines Wertes bewusst, aber ganz unabhängig von äußeren Einflüssen. Es ist nicht wichtig, was du gerade leistest oder wie du dich gerade fühlst. Dein Wert bleibt immer gleich. Kennst du den Vergleich des Wertes eines fünfzig Euro Scheins? Egal, ob er in den Dreck fällt, man auf ihm herumtrampelt, er zerknittert ist oder ihm vielleicht sogar eine Ecke fehlt - der Wert ist immer derselbe. Der Schein ist immer fünfzig Euro wert. Genauso darfst du deinen Wert anerkennen und mit ihm auch dein Recht dazu, jede Emotion zu fühlen und anzunehmen, wie sie gerade kommt. Es geht im Leben nicht darum, einer gewissen Perfektion entgegenzustreben, sondern dein Leben zu leben - mit all deinen Fasern. Sei dir deiner Stärken bewusst, deiner Kraft, deinen wunderbaren Eigenschaften, deinem Wert, deinen Gefühlen - du bist unendlich wertvoll und ein großes Geschenk für die Welt.

SELFCARE:

Für diese Übung kannst du gerne einen der genannten Kristalle verwenden. Alternativ kannst du sie auch nur mit deinen Händen durchführen. Setze dich aufrecht hin, gerne im Schneider-, Meditations- oder Fersensitz, und lade Reiki ein. Forme dazu deine Hände zu einer Schale, mit dem Stein in der linken Hand. Nun legst du die Hand mit dem Stein auf dein Herz und die andere darüber. Nimm wahr, wie die Energie direkt in dein Herz-Chakra fließt. Vielleicht siehst du sogar grüne Funken oder Wirbel, die aus deinem Herz-Chakra sprühen. Besinne dich nun auf dich selbst, auf deinen Wert und auf deine innere Kraft.

Richte das Wort an dich, indem du dir selbst bewusst wirst und deine Stärken und deinen Wert anerkennst. Sage dir beispielsweise: „Ich bin mir selbst bewusst. Ich erkenne meinen Wert an" oder: „Ich bin mir selbst bewusst. Ich strahle im hellen Licht meines Selbst." Schau einfach, welcher der beiden Sätze mit dir in Resonanz geht, oder formuliere einen eigenen, der sich für dich stimmig anfühlt: „Ich bin mir selbst bewusst. Ich ..."

Tipp: Formuliere deinen Satz im Präsens und spüre nach, wie er für dich wirkt und was sich in dir verändert, umso öfter du ihn dir sagst. Du kannst diesen Satz gerne mit in deinen Alltag nehmen und ihn dir immer wieder sagen, wenn du das Bedürfnis dazu verspürst.

GERADE HEUTE

grenze ich mich liebevoll ab

26

CHAKRA-ZUORDNUNG:
Herz-Chakra

PASSENDE HEILSTEINE:
Schwarzer Turmalin, Rauchquarz, Turmalinquarz

INTENTION:
Gesunde Grenzen sind wichtig, und deshalb ist es umso wichtiger, dass du heute und jeden Tag deine Grenzen absteckst, wahrst und achtest. Innerhalb unserer Grenzen empfinden wir Sicherheit, können uns frei entfalten und nehmen unsere Bedürfnisse ernst. Manchmal übertreten Menschen diese Grenzen, bewusst oder unbewusst. In solchen Momenten ist es wichtig, dass du für dich und deine Bedürfnisse einstehst. Vielleicht fühlt sich dies im ersten Moment ungewohnt für dich an. Als würdest du dich wie ein Igel zu einer stacheligen Kugel zusammenrollen. Möglicherweise sind deine Grenzen enger gesteckt als die deines Gegenübers, und dieser kann diese deshalb nicht ganz nachempfinden. Daher ist es immer sinnvoll, dein Gegenüber mit einzubeziehen und offen über deine Wünsche und den Respekt, den du dir bei der Einhaltung deiner Grenzen wünschst, zu sprechen. Gerade wenn jemand aktiv deine Grenzen übertritt, vielleicht sogar wiederholt, ist es wichtig, deinen Standpunkt mit einem gewissen Nachdruck klarzumachen. Du musst dich nie für deine Grenzen, deine Werte oder Bedürfnisse entschuldigen oder gar rechtfertigen. Du entscheidest, womit und wobei du dich gut fühlst, und dies hat dein Gegen-

über zu respektieren, egal ob es sich dabei um Freunde und Freundinnen, Partner oder Partnerin oder Mitarbeitende auf deiner Arbeitsstelle handelt. Du hast immer das Recht, die anderen freundlich, aber bestimmt auf deine Grenzen hinzuweisen, und arbeitest somit aktiv auf ein respektvolles und friedliches Miteinander hin.

SELFCARE:

Nicht nur deine eigenen Bedürfnisse klarzumachen ist wichtig. Die Karte soll dich auch dazu ermutigen, dich liebevoll abzugrenzen, wenn du Gefahr läufst, die Emotionen deines Gegenübers anzunehmen und auf dich zu übertragen.

In meiner ersten Reiki Ausbildung 2020 wurde mir eine schöne Abgrenzungsübung[8] mit an die Hand gegeben, die dich dabei unterstützt, dich in herausfordernden Situationen besser zu schützen. Gerade wenn jemand anderes wütend oder in Rage ist, hilft es, dir klarzumachen, dass diese Emotionen nicht deine eigenen sind. Die Übung funktioniert für dich allein, aber auch, wenn die Person dir noch gegenübersteht, von der du dich gerade ein wenig abgrenzen möchtest. Dann kannst du sie einfach gedanklich machen, ohne etwas laut auszusprechen oder entsprechende Handgesten zu machen. Bist du allein, stelle dich gerade hin. Nun sagst du drei Mal: „Ich bin ich und du bist du." Während du den ersten Teil (ich bin ich) sagst, legst du die rechte Hand auf dein Herz. Beim zweiten Teil (du bist du) zeigst du mit der Hand von dir weg – ähnlich, wie wenn du ein Stoppzeichen machen würdest auf die imaginäre Person, von der du dich einmal abgrenzen möchtest.

Tipp: Wenn du magst, kannst du zusätzlich Reiki einladen und dir eine goldene Energiekugel kreieren, die dich sanft umhüllt. Du kannst diese entweder vor bzw. um dich herum zeichnen oder sie dir einfach nur vorstellen. Diese Kugel, etwa wie eine lebensgroße Seifenblase, in der du bist, wahrt deine Grenzen. Wenn du dich nun wieder in einer herausfordernden Situation befindest, mache diese Übung oder stelle dir deine goldene Kugel vor, die dich davor bewahrt, dir die Emotionen deines Umfelds aufzuladen.

[8] Danke an meine Reiki-Lehrerin Madelaine Winter für diese wertvolle Übung

GERADE HEUTE
fühle ich mich zugehörig
27

CHAKRA-ZUORDNUNG:

Herz-Chakra

PASSENDE HEILSTEINE:

Rosenquarz, Rhodonit, Lapislazuli

INTENTION:

Fühlst du dich manchmal einsam, obwohl du unter Menschen bist? Ja, auch innerhalb unserer sozialen Gefüge können wir uns allein und ein wenig verloren fühlen, gerade wenn wir uns in bestimmten Punkten missverstanden fühlen oder gerade aus einem Streit kommen. Mach dir bewusst, dass dies reine Momentaufnahmen sind und du immer in der Verbindung mit deinem Umfeld stehst. Du selbst hast es in der Hand, diese Verbindung zu stärken. Was steht dir gerade im Weg, dass du dich abgetrennt von deinem Umfeld fühlst, und was kannst du aktiv tun, um dieses Hindernis zu entfernen?

SELFCARE:

Zu welcher Person möchtest du die Verbindung stärken? Schließe die Augen und stelle dir diese Person vor deinem geistigen Auge vor. Visualisiere, wie euch ein zartes goldenes Band verbindet. Nun bittest du um die universelle Lebensenergie und lässt diese über das Band zur anderen Person fließen. Beobachte, wie das Band stärker leuchtet, vielleicht sogar glitzert oder pulsiert. Es kann gut sein, dass du direkt wahrnimmst, wie es stärker, ja sogar dicker und fester wird. Lass Reiki so lange fließen, bis du die Verbindung zu deinem Gegenüber stärker wahrnimmst. Halte die Verbindung, solange es sich gut anfühlt.

Hinweis: In den meisten Fällen rate ich davon ab, ungefragt in das Energiefeld anderer Personen einzudringen. Wenn es aber darum geht, bedingungslose Liebe zu schicken, was du mit dieser Übung tust, ist dies anders zu bewerten. Sollte dein Gegenüber damit nicht einverstanden sein, wirst du dies energetisch schnell merken und kannst das Gespräch mit ihm oder ihr suchen und/oder die Übung einfach abbrechen.

GERADE HEUTE

verfüge ich über mentale Stärke

28

CHAKRA-ZUORDNUNG:
Solarplexus-Chakra

PASSENDE HEILSTEINE:
Karneol, Citrin, Lepidolith

INTENTION:
Mentale Stärke hilft uns dabei, Ängste und Zweifel loszulassen. Mache dir bewusst, dass du dein Leben in der Hand hast. Mit deinen Gedanken, Emotionen und Verhaltensweisen kreierst du deine Realität und hast in jedem Moment die Möglichkeit, dich neu zu entscheiden. Ja, das Leben wird dich immer wieder vor Herausforderungen stellen, die es zu meistern gilt. Denn davor kann dich niemand bewahren. Wichtig ist es, wie du auf diese Herausforderungen reagierst und wie resilient du ihnen gegenübertreten kannst. Umso mehr du mit dir in Verbindung stehst, desto einfacher wird es dir fallen, nicht direkt in Panik oder Endlosgedankenschleifen zu verfallen.

SELFCARE:

Um deinen Geist ein wenig zu klären und mentale Stärke zu kultivieren, kannst du eine kleine Mentalbehandlung mit Reiki durchführen. Lade dafür gerne Reiki ein und lege die Hände auf oder über dein Solarplexus-Chakra und dein Stirn-Chakra. Merke nun, wie Reiki zwischen den beiden Chakren fließt und eine gewisse Balance herstellt. Wenn du in den zweiten Reiki Grad eingeweiht bist, kannst du das Ganze gerne noch vertiefen, indem du einmal das erste Reiki-Symbol CKR über die beiden Chakren zeichnest. Im nächsten Schritt kannst du zusätzlich das zweite Symbol, das Harmonie-Symbol SHK, darüber zeichnen und Reiki weiterhin fließen lassen. Sage bei beiden Symbolen drei Mal das dazugehörige Mantra, nachdem du sie gezeichnet hast, um die Energie zu aktivieren und zu verstärken.

GERADE HEUTE
erlange ich Klarheit
29

CHAKRA-ZUORDNUNG:

Stirn-Chakra, Kronen-Chakra

PASSENDE HEILSTEINE:

Bergkristall, Lapislazuli, Labradorit

INTENTION:

Klarheit schenkt uns eine gewisse Sicherheit. Wir fühlen uns im Vertrauen und bestärkt darin, auf dem richtigen Weg zu sein. Oft verhilft uns diese Klarheit auch dazu, einen Fokus zu haben und zielgerichtet unseren Weg zu gehen. Doch was bedeutet Klarheit eigentlich für den gegenwärtigen Moment? Es bedeutet, dass wir unsere innere Stimme ganz bewusst wahrnehmen und sie aus all dem Stimmengewirr, welches in unserem Kopf und Herzen vorherrschen kann, trotzdem identifizieren und einordnen können. Wenn du dir bewusst Zeit nimmst, dich mit deiner inneren Stimme zu verbinden und auszuloten, welche Ratschläge, Erwartungen, Bedürfnisse oder Ansichten eher deinem Außen entsprechen.

Das Außen sind in dem Fall die Personen um dich herum, die bewusst oder unbewusst einen Einfluss auf dich haben. Oftmals ist es sogar so, dass wir denken, dass Personen eine bestimmte Erwartungshaltung uns gegenüber haben, aber in der Realität wollen sie uns nur glücklich sehen – egal auf welchem Weg. Klarheit schenkt uns also auch Verbindung. Verbindung zu uns selbst und unseren Wünschen und Bedürfnissen, und mit ein wenig

Übung und aktiver Mitarbeit kannst du immer mehr die (vermeintlichen) Erwartungen deines Umfelds oder der Gesellschaft von dir abstreifen wie einen kratzigen Pullover. Klarheit befindet sich in dir, du musst sie nur hören.

SELFCARE:

Auch bei dieser Übung kannst du als Reiki-Praktizierende oder Praktizierender mit dem zweiten Reiki-Symbol SHK arbeiten. Worüber möchtest du gerade Klarheit erlangen?

Setze dich bequem hin und nimm dir einen Moment, um gerade jetzt anzukommen. Wenn du magst, nimm gern ein paar tiefe Atemzüge, um den Alltagsstress loszulassen. Kanalisiere nun die universelle Lebensenergie auf deine Weise und lege die Hände auf bzw. über dein drittes Auge. Lass dich dabei gerne von einem Bergkristall unterstützen, den du zuvor auf deinem Stirn-Chakra platzierst.

Lass die Energie fließen und nimm wahr, wie sich der Schleier lüftet und die Stimmen in deinem Kopf immer leiser werden. Nun kannst du gern eine Hand über deinen Kopf in Höhe des Kronen-Chakras legen und eine Verbindung der beiden herstellen. Somit stärkst du deine Anbindung nach oben, aber auch zu deiner inneren Stimme.

Wenn du möchtest, kannst du nun das zweite Reiki-Symbol SHK zwischen die beiden Chakren zeichnen und durch sanfte, kreisende Bewegungen in das System einbringen. Dies ist allerdings nur ein Bonus und für die Übung nicht zwingend notwendig. Nimm dir Zeit und beobachte weiterhin, wie eine gewisse Ruhe einkehrt. Wenn du möchtest, kannst du nun ganz aktiv nach der Klarheit fragen, nach der du dich gerade sehnst. Hierbei ist es wichtig, dass du dem ersten Impuls, der sich nach deiner Frage zeigt, Aufmerksamkeit schenkst und darauf achtest, nicht direkt ins Grübeln oder Hinterfragen zu verfallen. Vielleicht wird sich die Antwort nicht direkt im ersten Anlauf zeigen. Gerade wenn es um die Verbindung zur inneren Stimme und die damit zu gewinnende Klarheit geht, kann dies ein längerer Prozess sein. Deshalb wiederhole diese Übung gerne täglich, bis sich ein Gefühl der Klarheit und Zuversicht bei dir einstellt.

GERADE HEUTE

achte ich auf meinen Körper und meine Gesundheit

CHAKRA-ZUORDNUNG:

Alle Chakren

PASSENDE HEILSTEINE:

Heliotrop, Rhodonit, Mondstein

INTENTION:

Unser Körper leistet jeden Tag unglaublich viel für uns. Angefangen bei unzähligen Prozessen, die ganz unterbewusst ablaufen – unser Herz, das im besten Fall bis zu hunderttausend Mal am Tag für uns schlägt, die Atmung, unsere Immunabwehr, das Zusammenspiel unserer Organe … Vielleicht kennst du das Gefühl auch? Nachdem es dich so richtig erwischt hat und du mit Schmerzen und Fieber eine Woche lang im Bett lagst, bemerkst du mal wieder, wie schön es ist, gesund zu sein, keine Schmerzen zu haben oder sich nicht um seine Gesundheit sorgen zu müssen. Doch nicht erst in diesen Extremsituationen verdient unser Körper ein wenig Liebe und Dankbarkeit für all das, was er täglich für uns leistet. Dies darf ein kleiner Reminder für dich sein, deinen Organismus gerade heute wertzuschätzen und ihm womöglich auch etwas zurückzugeben, indem du dich gut um dich kümmerst. Dies können vermeintlich kleine Dinge sein wie ausreichend Schlaf, eine gute Sitzhaltung, eine ausgewogene Ernährung oder der regelmäßige Gesundheitscheck beim Arzt. Werde dir für den Moment bewusst, was es für ein Geschenk ist, am Morgen gesund und zufrieden aufzuwachen.

SELFCARE:

Wie wäre es mit einer kleinen (Reiki-)Energie-Selbstbehandlung (siehe Kapitel: „So arbeitest du selbst mit der universellen Lebensenergie“)? Du kannst diese so wie beschrieben durchführen, indem du die einzelnen Chakren einmal durchgehst. Zudem kannst du dir aber auch einzelne Körperteile oder Organe heraussuchen, denen du zusätzlich ein wenig Liebe schenken möchtest. Wenn du nicht genau weißt, wo die einzelnen Organe liegen, lass dich einfach intuitiv führen. Auch wenn deine Hände ein Stück von ihnen entfernt auf deinem Körper ruhen, fließt Reiki/Energie immer dorthin, wo sie gerade gebraucht wird. Zusätzlich kannst du dich noch bei deinem Körper bedanken, wenn es sich für dich gut anfühlt. Etwa: „Danke, liebes Herz, dass du meinen Körper jeden Tag mit Leben füllst”, oder: „Danke, liebe Augen, dass ihr mir jeden Tag die Schönheit des Lebens zeigt” ...

GERADE HEUTE
bin ich demütig
31

CHAKRA-ZUORDNUNG:

Stirn-Chakra

PASSENDE HEILSTEINE:

Kunzit, Amethyst

INTENTION:

Du bist heute Morgen aufgewacht, und allein diese Tatsache ist nicht selbstverständlich. Das Leben, dein Leben, ist ein Geschenk, so kitschig es klingt. Und gerade deshalb ist es wichtig, demütig und dankbar zu sein für all das, was wir bereits in unserem Leben haben.

Uns wird oft suggeriert, dass wir bestimmte materielle Güter brauchen, um uns noch wohler zu fühlen oder noch glücklicher zu sein. Doch wenn wir ehrlich sind, braucht es das nicht. Wir brauchen gar nicht so viel, um ein erfülltes Leben zu führen. Viel davon hat mit Akzeptanz, Selbstannahme und unserer inneren Haltung zu tun. Umso öfter es dir gelingt, Dinge anzunehmen, demütig zu sein und Dankbarkeit zu empfinden, desto mehr Freude und Glück empfindest du. Materielle Güter und Wünsche werden immer zweitrangiger, und oftmals geht es uns sogar besser, wenn wir uns von Ballast befreien, den wir nur einmal wieder mit umgezogen haben, weil wir ja vielleicht irgendwann die Spätzlepresse von Tante Bärbel noch brauchen könnten.

SELFCARE:

Du hast bestimmt schon einmal von Marie Kondo gehört, oder? Sie ist die Queen, wenn es ums Ausmisten, neu Sortieren und Ordnung etablieren geht. Mit ihrer Methode hat sie unzählige Haushalte und Kleiderschränke auf der Welt revolutioniert und von Ballast befreit. Denn oft haben wir so viel, dass wir gar nicht mehr wissen, was wir alles haben, und dennoch fühlen wir uns unvollständig. Deshalb kannst du dir ihre einfache Methode gerade heute zu Herzen nehmen und diese anwenden. Nimm dir einen Teil deines Zuhauses vor und miste ihn aus. Vielleicht gerade den Kleiderschrank, wenn du das Gefühl hast, ständig neue Kleidung, Taschen oder Accessoires zu benötigen. Nun nimmst du jedes Teil einmal in die Hand und spürst in dich hinein. Hat es eine positive energetische Schwingung und erzeugt Glück in dir, darf es bleiben. Alle anderen Teile dürfen in Liebe gehen. Ja, auch diejenigen, bei denen ein neutrales Gefühl herrscht. Verschenke diese Sachen gerne an Freunde und Freundinnen oder spende diese. Dies kann dir zusätzlich ein gutes Gefühl geben, wenn sich andere darüber freuen. Du wirst merken, faktisch wird sich dein Regal/Schrank zwar leeren, aber die Wertschätzung gegenüber den Dingen, die bleiben, wird steigen.

GERADE HEUTE

öffne ich mich für die Geschenke des Universums

32

CHAKRA-ZUORDNUNG:

Kronen-Chakra

PASSENDE HEILSTEINE:

Angel Aura, Apophyllit

INTENTION:

Wir sind oft getrieben von unseren Wünschen und Zielen. Zahlreiche Manifestations-Kurse sprießen wie Pilze aus dem Boden und uns wird suggeriert, dass es immer noch mehr Möglichkeiten gibt und es noch nie so einfach war wie jetzt, unsere Ziele zu erreichen. Doch bei all diesen Möglichkeiten fühlen wir uns umso mehr überfordert, weil wir den Zugang zu uns selbst komplett verlieren und bei dem Überangebot von Kursen und Angeboten nicht mehr wahrnehmen, was uns wirklich guttut und was wir überhaupt wollen.

Diese Karte ist nicht ohne Grund die letzte in diesem Deck. Denn sie schließt den Kreis, indem sie dich noch einmal daran erinnern soll, wie wertvoll der jetzige Moment ist. Der heutige Tag ist ein Geschenk des Lebens. Natürlich kannst du diesen Tag dafür nutzen, den Grundstein für dein restliches Leben zu legen, sollst du sogar. Trotzdem darfst du offen bleiben für all die Dinge, die dir widerfahren können und sollen, die du bisher noch gar nicht auf deiner Wunschliste oder in deinem Kopf hattest. Das Leben passiert oft, wenn man nicht damit rechnet. Selbst der beste Plan zeigt uns oft, dass er mit Umwegen oder Stolpersteinen einhergeht. Daher ermutigt dich diese Karte, ein wenig mehr im Hier und Jetzt zu verweilen, die kleinen Wunder zu sehen und dich der Spontanität und der Magie des Lebens hinzugeben. Lass dich treiben, liebe aus vollem Herzen, lache laut und oft und probiere dich aus. Das Leben hält so viel für dich bereit und vielleicht übersiehst du diese Dinge sogar, wenn du mit 200 über die Autobahn bretterst, dein nächstes Ziel im Kopf. Genieße die Aussicht und erlaube dir, stehen zu bleiben, um einfach mal den Moment zu genießen.

SELFCARE:

Für welches Geschenk des Universums bist du dankbar? Was ist dir womöglich in letzter Zeit widerfahren, womit du überhaupt nicht gerechnet hast? Dies kann eine Person oder ein schönes Erlebnis sein, keines ist zu klein oder zu groß. Schreibe es auf einen kleinen Zettel, falte ihn zusammen und lege ihn gerne in eine Schatulle oder platziere einen der oben genannten Steine auf dem Zettel. Nun lade Reiki ein und lasse die Energie auf dein Erlebnis fließen. Rufe dir die Person oder Situation noch einmal ins Gedächtnis und versuche nachzuempfinden, wie du dich in dem Moment oder vielleicht gerade jetzt noch damit fühlst. Nimm diese Emotion bewusst wahr und bedanke dich beim Universum für dieses Geschenk des Lebens.

Kultiviere dieses Gefühl in deinem Herz-Chakra, sodass es dort wachsen kann und du dich vielleicht auch zu einem späteren Zeitpunkt daran zurückerinnern kannst. Wenn du wieder einen solchen Moment erlebst, kannst du diese Übung gern wiederholen und die Zettel für dich sammeln. Es ist sicherlich ein sehr schönes Gefühl, am Ende des Monats, des Jahres oder nach einer längeren Zeit zu sehen, welche wundervollen Momente dir das Universum geschenkt hat, ohne dass du direkt auf diese hingearbeitet hast.

Über die Autorin

Eva Murges, geboren 1988 mit Sonne und Mond im Steinbock und dem Aszendent in den Fischen, fand in Zeiten innerer und äußerer Krisen zur Energiearbeit, die sie seitdem täglich bereichert und begeistert. Heute bietet sie als Reiki-Meisterin erfolgreich Reiki-Behandlungen an und bildet sich auf vielen Wegen des inneren Wachstums und der Selbstfindung weiter. Gemeinsam mit ihrem Mann und ihren beiden Kindern lebt sie in Köln.

Mehr Einblicke über ihren Alltag und zu spirituellen Themen gibt es auf Instagram unter @evamurges.

Über die Künstlerin

Marielle Enders studierte visuelle Kommunikation an der Fachhochschule Düsseldorf. Seitdem lebt und arbeitet sie in Düsseldorf. 2002 gründete sie „it'sme design" und arbeitet seither als selbstständige Grafikerin und Illustratorin für Verlage, Werbeagenturen und Unternehmen.

Kreativität bedeutet für sie Offenheit für Veränderung, gedankliche Flexibilität und Kombination von Bewährtem und Neuem. Entwicklung und das Entdecken von neuen gestalterischen Herangehensweisen ist der Motor ihrer Arbeit. So entsteht ein großer Kreativspielraum, aus dem sie schöpft.

Ihre Arbeiten wurden unter anderem von Art Directors Club, red dot und Type Directors Club New York ausgezeichnet. 2012 erweiterte sie ihr Wissensgebiet mit dem Abschluss zur individualpsychologischen Kunsttherapeutin und 2014 zur Psychotherapeutischen Heilpraktikerin. So verbindet sie Design, Kunst und Psychologie in ihrer Arbeit.

Mehr über Marielle und ihre Arbeit erfahrt ihr auf ihrer Webseite itsme-design.de und auf Instagram @itsme_design_duesseldorf

Impressum

Die in diesem Buch enthaltenen Informationen und Ratschläge wurden von der Autorin sorgfältig recherchiert und geprüft. Eine Garantie kann dennoch nicht übernommen werden. Die Informationen und Ratschläge sind außerdem nicht dazu gedacht, die Beratung durch einen Arzt oder Therapeuten zu ersetzen, sofern eine solche angezeigt ist. Eine Haftung der Autorin oder des Verlags ist ausgeschlossen.

Bibliographische Information der Deutschen Nationalbibliothek
Die Deutsche Nationalbibliothek verzeichnet diese Publikation in der Deutschen Nationalbibliographie; detaillierte bibliographische Daten sind im Internet über
http://dnb.d-nb.de abrufbar.

Originalausgabe
1. Auflage 2024

Königsfurt-Urania Verlag GmbH, Ringstr. 32, D-24103 Kiel
info@koenigsfurt-urania.com • www.koenigsfurt-urania.com

Umschlaggestaltung: Marielle Enders, itsme-design.de, Düsseldorf
Projektleitung und Lektorat: Dr. Jennifer Lorenzen-Peth
Satz, Layout und Kartendesign: Marielle Enders, itsme-design.de, Düsseldorf
Druck und Bindung: Leo Paper Products Ltd.
Printed in China

ISBN 978-3-86826-201-8 (Set)